U0102381

本書是國家社科基金項目“《旅順博物館所藏甲骨》語言文字研究”（17BYY126）的階段性成果之一，得到國家民委人才項目及大連民族大學配套經費資助。

旅順博物館所藏甲骨文字編

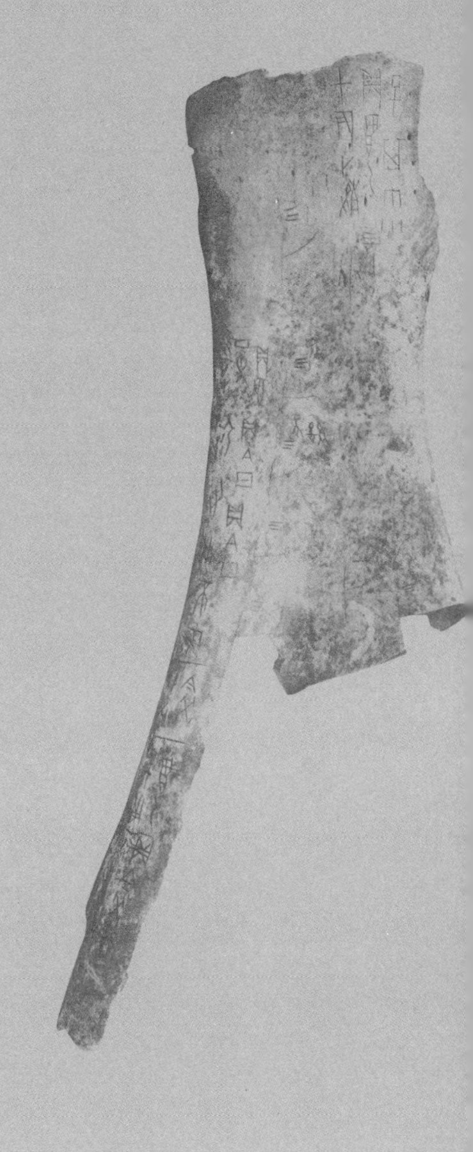

郭仕超 編著

中国社会科学出版社

圖書在版編目(CIP)數據

旅順博物館所藏甲骨文字編／郭仕超編著．—北京：中國社會科學出版社，2023.8
ISBN 978－7－5227－2461－4

Ⅰ．①旅…　Ⅱ．①郭…　Ⅲ．①甲骨文—研究　Ⅳ．①K877.14

中國國家版本館 CIP 數據核字(2023)第 153260 號

出 版 人　趙劍英
責任編輯　郭　鵬
責任校對　劉　俊
責任印製　李寡寡

出　　版　中國社會科學出版社
社　　址　北京鼓樓西大街甲 158 號
郵　　編　100720
網　　址　http://www.csspw.cn
發 行 部　010－84083685
門 市 部　010－84029450
經　　銷　新華書店及其他書店

印刷裝訂　北京君昇印刷有限公司
版　　次　2023 年 8 月第 1 版
印　　次　2023 年 8 月第 1 次印刷

開　　本　787×1092　1/16
印　　張　15
字　　數　350 千字
定　　價　89.00 元

目録

部首目録

卷一

卷二

卷三

卷四

卷五

卷六

卷七

卷八

卷九

卷十

卷十一

卷十二

卷十三

卷十四

凡例

一、本書所收文字以旅順博物館所藏甲骨文爲主，兼及與旅順博物館所藏甲骨綴合的甲骨文合集、甲骨文合集補編、瑞典斯德哥爾摩遠東古物博物館藏甲骨文字、明義士收録甲骨文字、英國所藏甲骨集、殷墟甲骨拾遺、殷墟甲骨輯佚、契合集、上海博物館藏甲骨文字、北京大學珍藏甲骨文字、史語所購藏甲骨集、甲骨綴合集中的部分甲骨文。

二、本書收字標準：字形清晰。據文辭補出而半殘缺的字也在範圍内，因爲殘缺的字利於甲骨綴合的研究。文字用例首取拓片，拓片不清晰者取照片，照片不清晰者再取摹片，對於拓片、照片、摹片三者均不清晰的字一概不收録。

三、本書主體由正編、合文、附録三個部分組成。正編字頭按照《説文解字》（下文簡稱《説文》）順序排列；合文部分專收合書字例；附録部分收録構形不明、難以隸定的字，以待進一步研究。

四、本書正編字頭遵循如下原則排列：

（一）見於《説文》的字頭按照《説文》順序排列。甲骨文隸定字或現代通行字與《説文》字頭隸定字差異較大者，置於字頭上方，並加『[ ]』號。

（二）部分甲骨文與《説文》的某字可能只是同形異字的關係，爲使用方便，仍按見於《説文》處理。與甲骨文相對應的《説文》字頭，不限於《説文》正篆，也包括《説文》所收古文、籀文、或體等。

（三）不見於《説文》的字頭，按照其偏旁附於《説文》相應各部之後，並在該字右上角標『*』號。一些由屬於X部的Y字作爲偏旁構成的不見於《説文》的Z字（尤其是兩個Y構成的Z字）仍置於Y字之後，如『⿰天天』字置於『天』字之後，以便讀者對照。一些歸部兩可的字頭，則暫歸一部之下。

五、本書所收字例，包含字形、來源、組類三項内容。同一字頭下所收字例大致按照寫法不同加以區分，其中某類寫法的横置、倒書、缺刻置於該類寫法的最後。

六、字例排序吸收了當前甲骨斷代分組分類的研究成果，相同寫法的字形下按照旅順博物館所藏甲骨片號數字序號由小到大排列。

七、同一字頭下，相同寫法、相同組類的字形以本書採用字形最多的《旅藏》居前，其他有綴合的字形，按照《旅順博物館所藏甲骨綴合集》（以下簡稱《旅綴》）片號數字序號順序依次排列。本書字形詳見《字形出處簡稱表》。

八、凡有綴合之片，經綴合補足的字之字形所屬的辭序號用《旅綴》標識，如『』（《旅綴》1），其他的字則按照字形來源標識，其中《旅藏》的字之字形仍標寫所屬的辭序原片號，如『』（《旅藏》1067）；与《旅藏》綴合的甲骨片上的字之字形則用所屬的辭序號《旅綴》標識，如『』（《旅綴》3）。《旅藏》綴合詳見書後附録『旅順博物館所藏甲骨綴合集索引表』。

九、文字考釋盡可能吸收學術界最新的研究成果。部分字例之後附讀法或用法，寫法較爲特殊的字形在其後附説明。

十、本書字形均採用電腦處理，旅順博物館所藏甲骨文字截取圖片後經黑白翻轉處理。字形大小視編排需要作適當處理。

十一、同一字頭形體較多者，以清晰、典型者爲首選，同時兼顧不同組類和異體；字形較少者，則盡可能全部收録。

十二、殘字殘留的部分用框綫標出，如『』『』。凡有泐損不清之字，在字形圖上以點狀區域標識其泐損的部分，爲便醒目，外加矩形框綫，如『』『』。既有殘缺又有泐損之字，則標識如『』『』。既有泐損又有刮削之字，於字形圖上加斜綫標識其刮削的部分，以與一般字形相區分，外加矩形框綫，如『』。經綴合補足的字於綴合處用綫條標識，外加矩形框綫，如『』『』。

十三、關於習刻，儘管有許多工具書不予採録，但是其並非全是虛造，不宜一律摒棄，我們斟酌採録並加以標識。

十四、本書的分期斷代及卜辭所屬類組悉照《旅藏》的意見。我們不作任何變動。即使其中明顯分期、類組有誤，也是如此處理。這樣處理並不表明我們同意其所有的對分期類組的劃分標準。

十五、本書合文正文按照首字筆畫數排列，首字筆畫數相同的按照次字筆畫數排列，首字、次字筆畫數均相同的按筆順排列。

十六、書後附筆畫檢字表。單字檢字表按字頭筆畫數由少到多排列，相同筆畫數的按照筆順排列。筆順以横（含提）、豎（含豎鈎）、撇、捺（含點）、折爲先後順序。少數隸定字中倒寫的偏旁按照正寫的偏旁計算筆畫數。合文檢字表按照合文總筆畫數由少到多排列。總筆畫數相同的依次按照首字筆畫數、次字筆畫數由少到多排列，前三項相同的按照頁碼先後排列。

字形出處簡稱表

簡稱	出處
旅藏	《旅順博物館所藏甲骨》，中國社會科學院甲骨學殷商史研究中心、旅順博物館編著，上海古籍出版社，2014年。
合集	《甲骨文合集》，郭沫若主編，中華書局，1978—1982年。
安明	《明義士收藏甲骨文字》，許進雄編著，（加拿大）皇家安大略博物館，1972年。
北珍	《北京大學珍藏甲骨文字》，北京大學中國考古學研究中心、北京大學考古文博學院編，上海古籍出版社，2008年。
村中南	《殷墟小屯村中村南甲骨》，中國社會科學院考古研究所編，雲南人民出版社，2012年。
俄	《俄羅斯國立愛米塔什博物館藏殷墟甲骨》，宋鎮豪、瑪麗婭主編，上海古籍出版社，2013年。
合補	《甲骨文合集補編》，中國社科院歷史研究所編，語文出版社，1999年。
花東	《殷墟花園莊東地甲骨》，中國社會科學院考古研究所編，雲南人民出版社，2003年。
懷	《懷特氏等收藏甲骨文集》，許進雄編，（加拿大）皇家安大略博物館，1979年。
輯佚	《殷墟甲骨輯佚——安陽民間藏甲骨》，段振美、焦智勤、黨相魁、黨寧編著，文物出版社，2008年。

簡稱	著錄書目
甲	《殷墟文字甲編》，董作賓編著，中央研究院歷史語言研究所，1948年。
京人	《京都大學人文科學研究所藏甲骨文字》，貝塚茂樹編著，京都大學人文科學研究所，1959年。
美	《美國所藏甲骨錄》，周鴻翔編著，（美國）加利福尼亞大學，1976年。
拼續	《甲骨拼合續集》，黄天樹主編，學苑出版社，2011年。
拼四	《甲骨拼合四集》，黄天樹主編，學苑出版社，2016年。
拼五	《甲骨拼合五集》，黄天樹主編，學苑出版社，2019年。
契合	《契合集》，林宏明，萬卷樓，2013年。
前	《殷虛書契前編》，羅振玉編著，自刊（珂羅版影印），1913年。
瑞典	《瑞典斯德哥爾摩遠東古物博物館藏甲骨文字》，李學勤、齊文心、艾蘭，中華書局，1999年。
上博	《上海博物館藏甲骨文字》，上海博物館編，濮茅左編著，上海辭書出版社，2009年。
拾遺五	《殷墟甲骨拾遺（續五）》，焦智勤著，載《紀念王懿榮發現甲骨文110周年國際學術研討會論文集》，社會科學文獻出版社，2009年。

簡稱	出處
拾遺六	《殷墟甲骨拾遺（續六）》，焦智勤著，載宋鎮豪主編，《甲骨文與殷商史》（新二輯），上海古籍出版社，2011年。
史購	《史語所購藏甲骨集》，『中央』研究院歷史語言研究所編著，『中央』研究院歷史語言研究所，2009年。
天理	《天理大學附屬天理參考館藏品・甲骨文字》，天理大學、天理教道友社編著，（日本奈良）天理教道友社，1987年。
屯	《小屯南地甲骨》，中國社會科學院考古研究所編，中華書局，1980、1983年。
乙	《殷墟文字乙編》，董作賓主編，中央研究院歷史語言研究所，1948年。
英藏	《英國所藏甲骨集》，李學勤、齊文心、艾蘭編著，中華書局，1985年。
殷遺	《殷墟甲骨拾遺》，宋鎮豪、焦智勤、孫亞冰，中國社會科學出版社，2015年。
綴集	《甲骨綴合集》，蔡哲茂，樂學書局，1999年。
綴續	《甲骨綴合續集》，蔡哲茂，文津出版社，2004年。
中歷藏	《中國社會科學院歷史研究所藏甲骨集》，宋鎮豪、趙鵬、馬季凡，上海古籍出版社，2011年。

甲骨文拓片和現藏簡稱

《善齋》	劉體智《善齋藏契》
《甲骨文集》	《甲骨文集》
歷拓	中國社會科學院歷史研究所藏拓本
北圖	北京圖書館所藏甲骨
旅博	旅順博物館

旅順博物館所藏甲骨文字編卷一

一

旅藏 1 圓體
旅藏 3 午組
旅藏 6 花東子組
旅藏 17 𠂤組

旅藏 62 賓一
旅藏 63 賓一
旅藏 68 賓一
旅藏 84 賓組

旅藏 269 賓組
旅藏 300 賓組
旅藏 333 賓組
旅藏 408 臼 賓組

旅藏 722 賓組
旅藏 1323 賓出
旅藏 1335 出組
旅藏 1483 出組

旅藏 1746 事何
旅藏 1758 何組
旅藏 1766 何組
旅藏 1829 無名組

旅藏 1834 無名組
旅藏 1866 歷一
旅藏 1870 歷二
旅藏 1879 歷組

旅藏 1886 歷組

旅藏 1949 黃組

旅綴 71 黃組

元

旅藏 1912 歷劣 習刻

吏

旅藏 172 反 賓組

旅藏 202 臼 賓組

旅藏 399 賓組

旅藏 438 賓組

旅藏 605 賓組

旅藏 1001 賓組

旅藏 1002 賓組

旅藏 1003 賓組

旅藏 1420 出組

旅藏 1745 事何

上

旅藏 573 賓組

旅藏 1084 賓組

帝

旅藏 361 賓組

旅藏 1197 賓組

旅藏 1867 歷二

下

旅藏 557 正 賓組

旅藏 558 賓組

示

旅藏 88 賓組

旅藏 171 反 賓組

旅藏 176 反 賓組

旅藏 186 臼 賓組

旅藏 192 反 賓組

旅藏 193 臼 賓組

旅藏 364 反 賓組

旅藏 408 臼 賓組

旅藏 446 正 賓組

旅藏 121 賓組

旅藏 507 賓組

旅藏 529 賓組

祭

旅藏 1457 出組

旅藏 1458 出組

旅藏 1459 出組

旅藏 1915 黃組

旅藏 1920 黃組

旅藏 2093 黃組

祀

旅藏 464 賓組

旅藏 465 賓組

旅藏 700 賓組

祖

卜辭用「且」爲「祖」，重見「且」下。

[鬃] 祊*

旅藏 456 賓組

旅藏 1938 黃組

旅藏 1941 黃組

旅藏 1941 黃組

禘

旅藏 1927 黃組

旅藏 1935 黃組

旅藏 1935 黃組

旅藏 1937 黃組

旅藏 1937 黃組

旅藏 2011 黃組

旅藏 2012 黃組

旅藏 2013 黃組

旅藏 2014 黃組

卜辭用『帝』爲『禘』，重見『帝』下。

祼

旅藏 116 賓組

旅藏 247 反 賓組

旅藏 434 反 賓組

旅藏 443 賓組

旅藏 1266 賓組

旅藏 1353 出組

旅藏 1441 出組

旅藏 1444 出組

旅藏 1445 出組

旅藏 1446 出組

旅藏 1447 出組

旅藏 1448 出組

旅藏 1449 出組

旅藏 1450 出組

旅藏 1451 出組

旅藏 1881 歷組

祝

旅藏6 花東子組

旅藏1836 無名組

旅藏1880 歷組

[𣃔] 祈

旅藏1074 賓組

旅藏1181 賓組

旅藏1890 歷組

祮

旅藏1936 黄組

集*

旅藏953 賓組

旅藏1925 黄組

三

旅藏1 圓體

旅藏1 圓體

旅藏4 午組

旅藏6 花東子組

旅藏15 𠂤組

旅藏21 𠂤組

旅藏27 𠂤組

旅藏57 𠂤賓間

旅藏103 賓組

旅藏116 賓組

旅藏209 賓組

旅藏266 賓組

旅藏288 賓組

旅藏404正 賓組

旅藏418正 賓組

旅藏795 賓組

王

旅藏 921 正 賓組
旅藏 1071 賓組
旅藏 1391 出組
旅藏 1609 出組

旅藏 1783 何組
旅藏 1871 歷二
旅藏 1876 歷組
旅藏 2098 黃組

旅藏 2122 黃組

旅藏 13 𠂤組
旅藏 15 𠂤組
旅藏 17 𠂤組
旅藏 26 𠂤組

旅藏 33 𠂤組
旅藏 58 𠂤賓間
旅藏 110 賓組
旅藏 306 反 賓組

旅藏 326 賓組
旅藏 349 賓組
旅藏 371 賓組
旅藏 472 正 賓組

旅藏 500 賓組
旅藏 933 正 賓組
旅藏 1079 賓組
旅藏 1349 出組

旅藏 1607 出組
旅藏 1746 事何
旅藏 1755 何組
旅藏 1761 何組

旅藏1784 何組

旅藏1880 歷組

旅藏1882 歷組

旅藏1338 出組

旅藏1339 出組

旅藏1344 出組

旅藏1482 出組

旅藏1651 出組

旅藏1759 何組

旅藏1768 何組

旅藏1770 何組

旅藏1824 無名組

旅藏1829 無名組

旅藏1879 歷組

旅藏1905 歷組

旅藏1918 黃組

旅藏1936 黃組

旅綴81 黃組

旅藏2116 黃組

旅藏2117 黃組

琮

旅藏2079 黃組

中

旅藏48 自小字

旅藏950臼 賓組

旅藏1004 賓組

屯

旅藏186臼 賓組

旅藏193臼 賓組

旅藏202臼 賓組

旅藏286 賓組

每

旅藏 288 臼 賓組	旅藏 343 臼 賓組	旅藏 361 臼 賓組	旅藏 404 臼 賓組
旅藏 408 臼 賓組	旅藏 625 反 賓組	旅藏 732 臼 賓組	旅藏 1148 賓組
旅藏 196 正 賓組	旅藏 1850 無名組	旅藏 1851 無名組	

屮

旅藏 53 自賓間	旅藏 113 賓組	旅藏 179 賓組	旅藏 220 賓組

「屮」之表意初文，卜辭多讀爲「早」。

若

旅藏 92 賓組	旅藏 180 反 賓組	旅藏 336 賓組	旅藏 465 賓組
旅藏 535 賓組	旅綴 27 賓組	旅藏 558 賓組	旅藏 604 賓組
旅藏 770 正 賓組	旅藏 819 反 賓組	旅藏 947 賓組	旅藏 1232 賓組

芻

旅藏 1322 賓出

旅藏 1353 出組

旅藏 1840 無名組

旅藏 1866 歷一

旅藏 8 子組

旅藏 10 子組

旅藏 358 正 賓組

旅藏 359 賓組

旅藏 360 正 賓組

莫

旅藏 1841 無名組

莽

旅綴 53 賓組

旅順博物館所藏甲骨文字編卷二

小

旅藏212 賓組

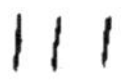

旅藏256正 賓組

旅藏257 賓組

旅藏404正 賓組

旅藏622 賓組

旅藏638 賓組

旅藏1269 賓組

旅藏1328 賓出

旅藏1420 出組

少

旅藏58 自賓間

旅藏1013反 賓組

旅藏1240 賓組

八

旅藏46 自小字

旅藏286臼 賓組

旅藏336 賓組

旅藏732臼 賓組

旅藏922 賓組

旅藏121 賓組 橫置

旅藏1373 出組 橫置

旅藏1710 出組 橫置

曾

- 旅藏1858 習刻
- 旅藏119 賓組 
- 旅綴53 賓組 

穴

- 旅藏270 賓組

必

- 旅藏336 賓組
- 旅藏737 賓組 
- 旅藏1205 賓組 

『柲』的象形初文

余

- 旅藏7 子組
- 旅藏7 子組 
- 旅藏7 子組 
- 旅藏10 子組 
- 旅藏13 自組 
- 旅藏18 自組 
- 旅藏39 自組 
- 旅藏45 自組 
- 旅藏49 自小字 
- 旅藏163 賓組 
- 旅藏1187 賓組 
- 旅藏1962 黃組 
- 旅藏1962 黃組

⿱八魚

旅藏322
賓組

牛

旅藏19
𠂤組

旅藏107
賓組

旅藏251
賓組

旅藏251
賓組

旅藏284
賓組

旅藏375
賓組

旅藏411
賓組

旅藏450
賓組

旅藏452
賓組

旅綴25
賓組

旅藏573
賓組

旅藏1205
賓組

旅藏1262
賓組

旅藏1516
出組

旅藏1837
無名組

旅藏1838
無名組

旅藏1838
無名組

旅藏1866
歷一

旅藏1872
歷組

旅藏2037
黄組

旅藏2051
黄組

牡

旅藏6
花東子組

旅藏456
賓組

旅藏1837
無名組

牝

旅藏 1517 出組

旅藏 1518 出組

旅藏 1519 出組

旅藏 1520 出組

旅藏 1837 無名組

牢

旅藏 1 圓體

旅藏 24 𠂤組

旅藏 361 正 賓組

旅藏 1884 歷組

旅藏 1923 黃組

旅藏 1931 黃組

旅藏 1935 黃組

旅藏 1938 黃組

旅藏 2012 黃組

旅藏 2014 黃組

旅藏 2041 黃組

旅藏 2045 黃組

旅藏 2049 黃組

旅藏 2052 黃組

旅藏 2056 黃組

旅綴 71 黃組

旅藏 14 𠂤組

旅藏 91 賓組

旅藏 156 賓組

旅藏 177 賓組

旅藏 400 賓組

旅藏 456 賓組

旅藏 459 賓組

旅藏 1180 賓組

物

旅藏1264 賓組
旅藏1317 賓出 
旅藏1324 賓出 
旅藏1489 出組 

旅藏1513 出組
旅藏1514 出組 
旅藏1515 出組 
旅藏1773 何組 

旅藏1825 無名組
旅藏1912 歷劣 習刻 

旅藏1835 無名組

告

旅藏50 自小字
旅藏80 賓組 
旅藏362 賓組 
旅藏365 賓組 

旅藏367 賓組
旅藏510 賓組 
旅藏842 賓組 
旅藏920 賓組 

旅藏1316 賓出
旅藏1353 出組 
旅藏1881 歷組 
旅藏128 賓組 

旅藏364 賓組
旅藏1335 出組 
旅藏1501 出組 
旅藏1824 無名組

口

旅藏 1626 出組

旅藏 1804 何組

呼

卜辭用「乎」爲「呼」，重見「乎」下。

君

旅藏 1680 出組

命

卜辭用「令」爲「命」，重見「令」下。

咸

旅藏 93 賓組

旅藏 94 賓組

右

卜辭用「又」爲「右」，重見「又」下。

吉

旅藏 51 自小字

旅藏 112 賓組

旅藏 174 賓組

旅藏 232 反 賓組

旅藏 496 反 賓組

旅藏 733 反 賓組

旅藏 926 賓組

旅藏 1569 出組

唐

旅藏 1570 出組

旅藏 1745 事何

旅藏 1746 事何

旅藏 1747 事何

旅藏 1754 何組

旅藏 1757 正 何組

旅藏 1758 何組

旅藏 1760 何組

旅藏 1784 何組

旅藏 1808 何組

旅藏 2031 黃組

旅藏 1573 出組

旅藏 1837 無名組

旅藏 1837 無名組

旅藏 1838 無名組

旅藏 1858 習刻

旅藏 1961 黃組

旅藏 1965 黃組

旅藏 2012 黃組

旅藏 2079 黃組

旅藏 2079 黃組

旅藏 2079 黃組

旅藏 2079 黃組

旅藏 2097 黃組

旅藏 39 自組 新見字形

旅藏 92 賓組

旅藏 202 正 賓組

旅藏 1339 出組

各

旅藏 1832 無名組

𠯑 [舌]

旅藏 1496 出組

旅藏 1497 出組

旅藏 1498 出組

旅藏 1499 出組

旅藏 1500 出組

旅藏 1841 何組

旅藏 1884 歷組

㕣

旅藏 1837 無名組

由*

旅藏 28 𠂤組

旅藏 333 反 賓組

旅藏 931 反 賓組

旅藏 1714 出組

旅綴 14 賓組

旅綴 14 賓組

旅綴 14 賓組

旅藏 1098 賓組

吉*

旅藏 185 賓組

旅藏 534 正 賓組

旅藏 535 賓組

旅藏 535 賓組

旅藏 538 賓組

旅綴 2 賓組

旅藏 540 賓組

旅藏 540 賓組

旅藏 540 賓組
旅藏 541 賓組 
旅藏 543 賓組 
旅藏 549 賓組 

旅藏 550 賓組
旅藏 554 賓組 
旅綴 27 賓組 

單

旅藏 336 賓組
旅藏 336 賓組 
旅藏 2071 黃組 

喪

旅藏 496 正 賓組

止

旅藏 488 賓組
旅藏 579 賓組 
旅藏 1104 賓組 

寿

旅藏 245 賓組

歷

旅藏 1899 歷組

歸

旅藏 35 正 自組
旅藏 125 賓組 
旅藏 154 正 賓組 
旅藏 218 賓組

字頭				
（續）	 旅藏 348 賓組	 旅藏 410 賓組	 旅藏 1004 賓組	
朱*	 旅藏 571 賓組			
壴*	 旅藏 203 賓組			
𣥠*	 旅藏 1298 賓組 新見字			
登	 旅藏 1308 賓組	 旅藏 1502 出組		
步	 旅藏 7 子組	 旅藏 85 賓組	 旅藏 270 賓組	 旅藏 324 賓組
	 旅藏 324 賓組	 旅藏 363 賓組	 旅藏 378 正 賓組	 旅藏 418 賓組
	 旅藏 418 賓組	 旅藏 418 賓組	 旅藏 516 賓組	 旅藏 1183 賓組

歲

旅藏1722 出組
旅藏1949 黃組
旅藏1949 黃組
旅藏1962 黃組

旅藏1963 黃組

旅藏334 賓組
旅藏1424 出組
旅藏1837 無名組
旅藏1842 無名組

旅藏1889 歷組
旅藏6 花東子組
旅藏54 自賓間
旅藏366 賓組

旅藏387 自賓間
旅藏1290 賓組
旅藏1367 出組
旅藏1369 出組

旅藏1489 出組
旅藏1491 出組
旅藏1492 出組
旅藏1493 出組

旅藏1495 出組
旅藏1769 何組
旅藏1786 何組
旅藏1488 出組

旅藏1972 黃組
旅藏1973 黃組
旅藏1974 黃組
旅藏1975 黃組

正

旅藏1981 黃組
旅藏1985 黃組
旅藏1991 黃組
旅藏1984 黃組

旅藏73 賓一
旅藏128 賓組
旅藏179 賓組
旅藏185 賓組

旅藏223正 賓組
旅藏223正 賓組
旅藏398 賓組
旅藏535 賓組

旅藏1256 賓組
旅藏1823 無名組
旅藏1913 黃組
旅藏1939 黃組

旅藏1944 黃組
旅藏2036 黃組

辻 [徒]

旅藏1240 賓組

逆

旅藏40反 自組
旅藏141 賓組
旅藏2071 黃組

遣

旅藏110 賓組
旅藏1767 何組

遣

旅綴 22 賓組

旅藏 1310 賓組

[𢓊] 逋

旅藏 2087 黄組

旅藏 2090 黄組

旅藏 2109 黄組

逐

旅藏 322 賓組

旅藏 336 賓組

旅藏 336 賓組

旅藏 1422 出組

遠

旅藏 1851 無名組

䢓*

旅藏 1949 黄組

旅藏 1955 黄組

旅藏 1949 黄組

旅藏 1949 黄組

旅藏 1949 黄組

旅藏 1949 黄組

旅藏 1949 黄組

旅藏 1949 黄組

旅藏 1950 黄組

旅綴 73 黄組

旅藏 1949 黄組

旅藏 1949 黄組

旅藏 1949 黄組

旅藏 1954 黄組

旅藏 1949 黄組

旅藏 1949 黄組

旅藏 1949 黄組

得

旅藏 298 賓組
旅藏 299 賓組 
旅藏 564 賓組 
旅藏 1233 賓組 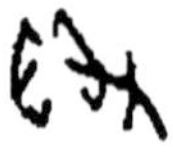

御

旅藏 3 午組
旅藏 106 賓組 
旅藏 107 賓組 
旅藏 177 賓組 

旅綴 14 賓組
旅藏 433 正 賓組 
旅藏 434 反 賓組 
旅藏 437 賓組 

旅藏 438 賓組
旅藏 440 賓組 
旅藏 441 賓組 
旅藏 1101 賓組 

旅藏 1420 出組
旅藏 6 花東子組 
旅藏 1882 歷組 

值*

旅藏 838 反 賓組

徫*

旅綴 37 賓組

⿰彳尼*

旅藏1122 賓組

徇*

旅綴17 賓組

⿰彳人*

旅藏284 賓組

延 [征]

旅藏12 子組

旅藏508 賓組

旅藏527 賓組

旅藏529 賓組

旅藏601 賓組

旅藏602反 賓組

旅藏604 賓組

旅藏604 賓組

旅藏606 賓組

旅藏607 賓組

旅綴53 賓組

旅藏1102 賓組

旅藏1316 賓出

旅藏1419 出組

行

旅綴14 賓組

旅綴14 賓組

旅綴14 賓組

旅綴14 賓組

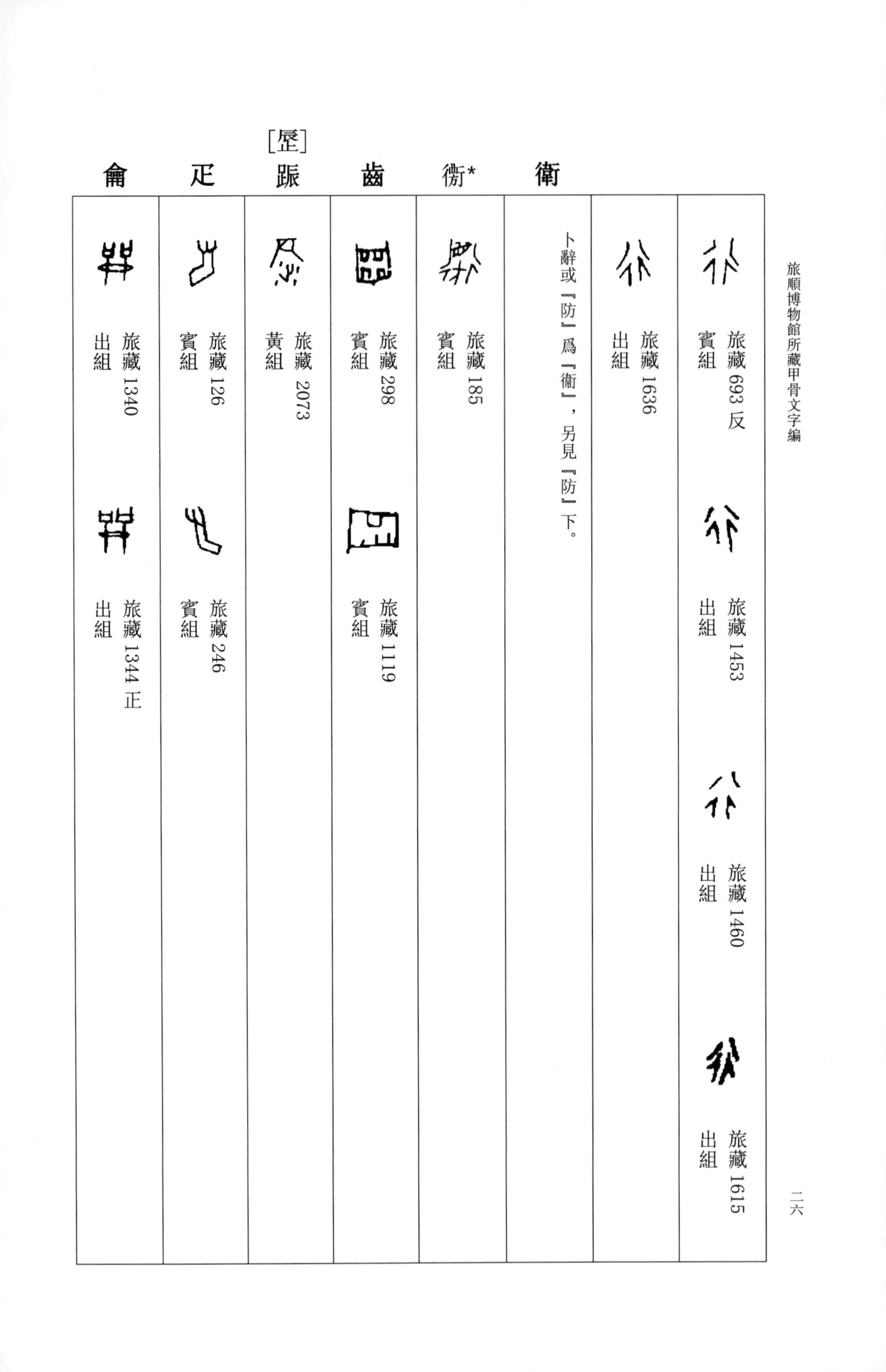

字頭	著錄
衛	旅藏693反 賓組
	旅藏1453 出組
	旅藏1460 出組
	旅藏1615 出組
	旅藏1636 出組
	卜辭或『防』爲『衛』，另見『防』下。
衜*	旅藏185 賓組
齒	旅藏298 賓組
	旅藏1119 賓組
跜［𡰥］	旅藏2073 黃組
疋	旅藏126 賓組
	旅藏246 賓組
龠	旅藏1340 出組
	旅藏1344正 出組

册

旅藏 1243
賓組

旅藏 1289
賓組

旅順博物館所藏甲骨文字編卷三

舌

旅藏 944 賓組

旅綴 41 賓組

屰

旅藏 533 賓組

商

旅藏 122 賓組

旅藏 122 賓組

旅藏 123 正 賓組

旅藏 257 賓組

旅藏 257 賓組

旅藏 260 賓組

旅藏 261 賓組

旅藏 262 賓組

旅藏 263 賓組

旅藏 334 賓組

旅藏 335 賓組

旅藏 355 反 賓組

旅藏 1424 出組

旅藏 1949 黃組

古

旅藏 168 賓組

旅藏 186 臼 賓組

旅藏 202 正 賓組

旅藏 225 正 賓組

旅藏 310 反 賓組

旅藏 578 正 賓組

旅藏 721 賓組

旅藏 727 賓組

旅藏 739 賓組

旅藏 1005 賓組

旅藏 1006 賓組

旅藏 1008 賓組

十

旅藏 81 賓組

旅藏 177 賓組

旅藏 361 臼 賓組

旅藏 534 反 賓組

旅藏 971 反 賓組

旅藏 1323 賓出

旅藏 1347 出組

旅藏 1366 出組

旅藏 1618 出組

旅藏 1886 歷組

旅藏 2090 黃組

旅藏 2090 黃組

旅藏 2091 黃組

旅藏 2092 黃組

千

旅藏 325 賓組

廿

旅藏1 圓體

旅藏292 賓組

旅藏421 賓組

卅

旅藏1 圓體

旅藏1 圓體

旅藏438 賓組

旅綴36 賓組

旅藏1886 歷組

誨

卜辭用『每』爲『誨』，重見『每』下。

譱

[善譱]

旅藏17 自組

旅藏1048 賓組

旅藏1049 賓組

旅藏80 賓組

旅藏1050 賓組

旅藏1421 出組

辛

[䇂]

旅藏99正 賓組

妾

旅藏504 賓組

𢎪*

旅綴 17 賓組

旅藏 1418 出組

[収]
廾

旅藏 284 賓組

旅藏 285 賓組

旅藏 521 賓組

畁*

旅藏 193 正 賓組

弅*

旅藏 315 正 賓組

旅藏 98 正 賓組

旅藏 193 正 賓組

旅藏 223 正 賓組

旅藏 223 反 賓組

旅藏 251 賓組

旅藏 439 賓組

旅藏 570 正 賓組

旅藏 1891 歷組

豐*

旅藏 1950 黃組

旅藏 1951 黃組

旅藏 1952 黃組

旅藏 1958 黃組

旅綴 73 黃組

旅藏 1415 出組

執

旅藏 701 賓組

旅藏 1441 出組

旅藏 1442 出組

旅藏 1443 出組

旅藏 1444 出組

旅藏 1770 何組

䭃

旅藏 1338 出組

旅藏 1679 出組

旅藏 2009 黃組

鬥

旅藏 419 賓組

旅藏 722 賓組

旅藏 1971 黃組

又

旅藏 7 子組

旅藏 7 子組

旅藏 22 𠂤組

旅藏 51 𠂤小字

旅藏 215 賓組

旅藏 226 賓組

旅藏 537 賓組

旅藏 538 賓組

旅藏 543 賓組

旅藏 556 賓組

旅藏 557 正 賓組

旅藏 979 賓組

旅藏 1294 反 賓組

旅藏 1332 出組

旅藏 1420 出組

旅藏 1568 出組

旅藏 1726 出組

旅藏 1730 出組

旅藏 1807 何組

旅藏 1823 無名組

旅藏 1835 無名組

旅藏 1837 無名組

旅藏 1842 無名組

旅藏 1862 歷無

旅藏 1866 歷一

旅藏 1869 歷二

旅藏 1886 歷組

旅藏 1907 歷組

旅藏 1962 黄組

旅藏 2038 黄組

旅藏 2041 黄組

旅藏 2050 黄組

旅藏 2053 黄組

旅藏 2189 黄組

右

《説文》『口』部重出，見『口』部。卜辭用『又』爲『右』，重見『又』下。

厷

旅藏 1098 賓組

旅藏 1098 賓組

父

旅藏 15 自組

旅藏 100 正 賓組

旅藏 173 賓組

旅藏 177 賓組

旅藏 184 賓組

旅藏 364 正 賓組

旅藏 371 賓組

旅藏 375 賓組

旅藏 1211 正 賓組

旅藏 1353 出組

旅藏 1823 無名組

安 ［叟］

旅藏 205 賓組

尹

旅藏 1349 出組

旅藏 1426 出組

旅藏 1435 出組

旅藏 1479 出組

旅藏 1489 出組

旅藏 1528 出組

旅藏 1617 出組

旅藏 1637 出組

旅藏 1638 出組

旅藏 1683 出組

旅藏 1684 出組

旅藏 1722 出組

[illegible]

旅藏 1845 無名組

旅藏 1846 無名組

及

旅藏 174 賓組

旅藏 524 賓組

旅藏 561 賓組

旅綴 4 賓組

叚

旅藏 1891 歷組	旅藏 1891 歷組
旅藏 1 圓體	旅藏 107 賓組	旅藏 504 賓組

𣪘 [叙]

旅藏 1356 出組	旅藏 1364 出組	旅藏 1426 出組	旅藏 1430 出組
旅藏 1431 出組	旅藏 1432 出組	旅藏 1436 出組	旅藏 1437 出組
旅藏 1438 出組	旅藏 1439 出組	旅藏 1972 黄組	旅藏 1995 黄組
旅藏 2000 黄組	旅藏 2005 黄組	旅藏 1982 黄組	旅藏 1992 黄組
旅藏 1996 黄組	旅藏 1997 黄組	旅藏 1998 黄組	旅藏 1999 黄組
旅藏 2004 黄組	旅藏 2001 黄組	旅藏 2006 黄組	

取			友	[illegible]*	[illegible]*	史	事
旅藏 7 子組	旅藏 145 賓組	旅藏 1302 賓組	旅藏 155 賓組	旅藏 1845 無名組	旅藏 104 賓組	旅藏 7 子組	卜辭用「吏」爲「事」，重見「吏」下。
旅藏 42 自組	旅藏 418 反 賓組			旅藏 1846 無名組	旅藏 950 臼 賓組	旅藏 114 賓組	
旅藏 53 自賓間	旅藏 806 反 賓組						
旅藏 53 自賓間	旅藏 1073 賓組						

畫

旅藏 204 賓組

旅藏 800 賓組

旅藏 1822 無名組

臣

旅藏 257 賓組

旅藏 400 賓組

旅藏 540 賓組

旅藏 1822 無名組

殸

旅藏 70 賓一

旅藏 77 賓一

旅藏 95 賓組

旅藏 123 正 賓組

旅藏 221 賓組

旅藏 270 賓組

旅藏 279 賓組

旅藏 324 賓組

旅藏 418 正 賓組

旅藏 423 賓組

旅藏 649 賓組

旅藏 700 賓組

旅藏 881 反 賓組

旅藏 958 賓組

旅藏 963 賓組

旅藏 965 賓組

旅藏 976 賓組

旅綴 30 賓組

旅藏 122 賓組

旅藏 185 賓組

旅藏 122 賓組

殺 ［蚥蚑］

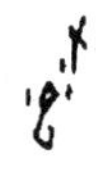

- 旅藏449 賓組
- 旅藏450 賓組 
- 旅藏573 賓組 

將

- 旅藏578反 賓組

尋

- 旅藏450 賓組
- 旅綴7 賓組 

專

- 旅藏741 賓組
- 旅藏1218 賓組 

啟

- 旅藏45 自組
- 旅藏573 賓組 
- 旅藏688 賓組 
- 旅藏690 賓組 
- 旅藏692 賓組 
- 旅藏693正 賓組 
- 旅藏694 賓組 
- 旅藏695正 賓組 
- 旅藏1600 出組 

效

- 旅藏210 賓組

寇

旅藏 126 賓組

牧

旅藏 257 賓組

旅藏 257 賓組

⿰隹攴*

旅藏 243 賓組

旅藏 244 正 賓組

旅藏 361 正 賓組

⿰鹿攴*

旅綴 9 賓組

學

旅藏 111 賓組

旅藏 213 賓組

卜

旅藏 1 圓體

旅藏 3 午組

旅藏 8 子組

旅藏 12 子組

旅藏 19 自組

旅藏 21 自組

旅藏 55 自賓間

旅藏 59 自賓間

旅藏 74 賓一

旅藏 95 賓組

旅藏 107 賓組

旅藏 174 賓組

旅藏 209 賓組	旅藏 361 正 賓組	旅藏 535 賓組	旅藏 640 賓組
旅藏 798 反 賓組	旅藏 1329 賓出	旅藏 1356 出組	旅綴 64 出組
旅藏 1615 出組	旅藏 1745 事何	旅藏 1750 事何	旅藏 1761 何組
旅藏 1822 無名組	旅藏 1840 無名組	旅藏 1861 歷無	旅藏 1866 歷一
旅藏 1881 歷組	旅藏 1929 黃組	旅藏 1961 黃組	旅藏 2182 黃組

卜辭「卜」或讀爲「外」。

貞

旅藏 1 圓體	旅藏 1 圓體	旅藏 4 午組	旅藏 7 子組
旅藏 10 子組	旅藏 18 𠂤組	旅藏 30 𠂤組	旅藏 50 𠂤小字

 旅藏 55 自賓間	 旅藏 1067 賓組	 旅藏 91 賓組	 旅藏 110 賓組
 旅藏 147 賓組	 旅藏 227 正 賓組	 旅藏 635 賓組	 旅藏 751 賓組
 旅藏 950 正 賓組	 旅藏 1042 賓組	 旅藏 1318 賓出	旅藏 1330 賓出
 旅藏 1338 出組	 旅藏 1343 出組	 旅藏 1348 出組	 旅藏 1358 出組
 旅藏 1416 出組	 旅藏 1745 事何	 旅藏 1747 事何	 旅藏 1763 何組
 旅藏 1768 何組	旅藏 1770 何組	 旅藏 1772 何組	旅藏 1805 何組
 旅藏 1829 無名組	 旅藏 1832 無名組	 旅藏 1861 歷無	旅藏 1864 歷無
 旅藏 1871 歷二	 旅藏 1897 歷組	 旅藏 1898 正 歷組	旅藏 1935 黄組

占

旅藏 1946 黃組	 旅藏 1949 黃組	 旅藏 1949 黃組	 旅藏 1960 黃組
 旅藏 1972 黃組	 旅藏 1976 黃組	 旅藏 1979 黃組	 旅藏 1983 黃組
 旅藏 1993 黃組	 旅藏 2087 黃組	 旅藏 2116 黃組	 旅藏 2187 黃組
 旅藏 134 反 賓組	 旅藏 174 賓組	 旅藏 298 賓組	 旅藏 472 反 賓組
 旅藏 570 反 賓組	 旅藏 604 賓組	 旅藏 698 反 賓組	 旅藏 731 反 賓組
 旅藏 732 正 賓組	 旅藏 733 反 賓組	 旅藏 931 正 賓組	 旅藏 933 正 賓組
 旅藏 1961 黃組	 旅藏 1965 黃組	 旅藏 1966 黃組	 旅藏 2079 黃組
 旅藏 2081 黃組	 旅藏 2092 黃組	 旅藏 2094 黃組	 旅藏 2097 黃組

兆

旅藏 67 賓一	 旅藏 68 賓一	 旅藏 72 賓一	 旅藏 131 賓組
 旅藏 739 賓組	 旅藏 760 賓組	 旅藏 762 賓組	 旅藏 1776 何組
 旅藏 268 賓組	 旅藏 445 賓組	 旅藏 605 賓組	 旅藏 727 賓組
 旅藏 1342 出組	 旅藏 1414 出組	 旅藏 1426 出組	 旅藏 1536 出組
 旅藏 1749 事何	 旅藏 1750 事何	 旅藏 1792 何組	 旅藏 1793 何組
 旅藏 1798 何組	 旅藏 1802 何組	 旅藏 26 自組	 旅藏 56 自賓間
 旅藏 1861 歷無	 旅藏 1875 歷組	 旅藏 1896 歷組	 旅藏 1897 歷組
 旅藏 1899 歷組	 旅藏 1900 歷組	卜辭讀爲「繇」	

用

旅藏 1 圓體

旅藏 32 自組

旅綴 12 賓組

旅藏 182 賓組

旅藏 368 賓組

旅藏 403 賓組

旅藏 418 正 賓組

旅藏 463 賓組

旅藏 508 賓組

旅藏 1205 賓組

旅藏 1372 出組

旅藏 1759 何組

旅藏 1224 正 賓組

旅藏 1770 何組

旅藏 1771 何組

旅藏 1777 何組

旅藏 1886 歷組

旅藏 1937 黃組

旅藏 2011 黃組

旅藏 2041 黃組

旅藏 2043 黃組

旅藏 2048 黃組

旅藏 2050 黃組

旅藏 2054 黃組

甫

旅藏 19 自組

葡

旅藏 651 賓組

旅藏 651 賓組

旅藏 651 賓組

旅藏 651 賓組

爾

旅藏651
賓組

旅藏298
賓組

旅藏298
賓組

旅順博物館所藏甲骨文字編卷四

目

旅藏1078 賓組

罘

旅藏148 賓組

旅藏156 賓組

旅藏157正 賓組

旅藏193正 賓組

旅藏1834 無名組

瞽

卜辭用「兆」爲「瞽」，重見「兆」下。

省

旅藏357 賓組

旅藏1081 賓組

旅藏1826 無名組

旅藏1827 無名組

旅藏1830 無名組 被刮削

旅藏1956 黄組

自

旅藏 68 賓一
旅藏 70 賓一 
旅藏 85 賓組 
旅藏 100 反 賓組 

旅藏 133 賓組
旅藏 276 正 賓組 
旅藏 290 賓組 
旅藏 351 賓組 

旅藏 404 臼 賓組
旅藏 449 賓組 
旅藏 511 賓組 
旅藏 650 正 賓組 

旅藏 957 賓組
旅藏 1192 賓組 
旅藏 1258 賓組 
旅藏 1369 出組 

旅藏 1563 出組

[illegible]*

旅藏 177 賓組

百

旅藏 312 賓組
旅藏 422 反 賓組 
旅藏 1071 賓組 

翦 [𢦏]

旅藏 57 自賓間
旅藏 114 賓組 
旅藏 534 正 賓組 
旅藏 538 賓組

隹

旅藏564 賓組

旅藏567 賓組

旅藏1208 賓組

旅藏11 子組

旅綴17 賓組

旅藏98正 賓組

旅藏249 賓組

旅藏298 賓組

旅藏336 賓組

旅藏445 賓組

旅藏467 賓組

旅藏548反 賓組

旅藏579 賓組

旅藏580 賓組

旅藏1094 賓組

旅藏1237 賓組

旅藏1319 賓出

旅藏1325 賓出

旅藏1867 歷二

旅藏2092 黃組

雀

旅綴17 賓組

旅藏63 賓一

旅藏234 賓組

旅藏235 賓組

旅藏236 賓組

旅藏237 賓組

旅藏239 賓組

旅藏240 賓組

雔	⿰隹匕*	雋*	萑	蔑	羊		羌
 旅藏 478 賓組	 旅藏 1273 賓組	 旅藏 573 賓組	 旅藏 348 賓組	 旅藏 248 賓組	 旅藏 1 圓體	 旅藏 1859 組類不明	 旅藏 403 賓組
			 旅藏 348 賓組	 旅藏 425 賓組	 旅藏 373 賓組	 旅藏 2211 黄組	 旅藏 418 正 賓組
					 旅藏 1263 賓組		 旅藏 509 賓組
					 旅藏 1651 出組		 旅藏 572 賓組

羋

旅藏 1323 賓出

旅藏 1324 賓出

旅綴 21 賓組

旅綴 53 賓組

旅藏 1886 歷組

旅藏 1886 歷組

鳳

旅藏 1774 何組

旅藏 1353 出組

鳴

旅藏 267 賓組

冓

旅藏 110 賓組

旅藏 155 賓組

旅藏 327 正 賓組

旅藏 598 賓組

旅藏 600 賓組

旅藏 1080 賓組

旅藏 1198 賓組

旅藏 1314 賓組

旅藏 1339 出組

旅藏 1599 出組

旅藏 1785 何組

旅藏 1786 何組

爯

旅藏1870 歷二

旅藏1882 歷組

旅藏215 賓組

旅藏1028 賓組

旅藏1228 賓組

旅藏1565 出組

𢍶*

旅藏174 賓組

旅藏232正 賓組

旅藏407 賓組

旅藏692 賓組

叀

旅藏852 賓組

旅藏864 賓組

旅藏882正 賓組

旅藏883正 賓組

旅藏906 賓組

旅藏907 賓組

旅藏910正 賓組

旅藏911 賓組

旅藏903 賓組 省筆

旅藏304 賓組

旅藏742 賓組

旅藏1011 賓組

旅藏116 賓組

旅藏179 賓組

旅藏249 賓組

旅藏533 賓組

旅藏558 賓組

旅藏1416 出組

旅藏1525 出組

旅藏1739 出組

旅藏 1745 事何  | 旅藏 1747 事何  | 旅藏 1755 何組  | 旅藏 1757 正 何組

旅藏 540 賓組  | 旅藏 1777 何組  | 旅藏 1827 無名組  | 旅藏 1837 無名組

旅藏 1883 歷組  | 旅藏 1883 歷組  | 旅藏 2011 黃組  | 旅藏 2014 黃組

旅藏 2049 黃組  | 旅藏 2056 黃組  | 旅藏 2059 黃組  | 旅藏 2062 黃組

旅藏 2066 黃組  | 旅藏 2069 黃組

疐

旅藏 1949 黃組  | 旅藏 1949 黃組  | 旅藏 1949 黃組  | 旅藏 1964 黃組

爰

旅藏 161 賓組

受

旅藏 10 子組  | 旅藏 45 自組 | 旅藏 226 賓組  | 旅藏 334 賓組

爭

 旅藏 336 賓組	 旅藏 337 反 賓組	 旅藏 339 典賓	 旅藏 558 賓組
 旅藏 947 賓組	 旅藏 1425 出組	 旅藏 1567 出組	 旅藏 1824 無名組
 旅藏 1836 無名組	 旅藏 1837 無名組	 旅藏 1936 黃組	 旅藏 1939 黃組
 旅藏 1962 黃組	 旅藏 2036 黃組		
 旅藏 81 賓組	 旅藏 91 賓組	 旅藏 115 賓組	 旅藏 205 賓組
 旅藏 209 賓組	 旅藏 218 賓組	 旅藏 251 賓組	 旅藏 287 正 賓組
 旅藏 334 賓組	 旅藏 416 賓組	 旅藏 418 反 賓組	 旅藏 474 正 賓組
 旅藏 498 賓組	 旅藏 537 賓組	 旅藏 597 賓組	 旅藏 699 賓組

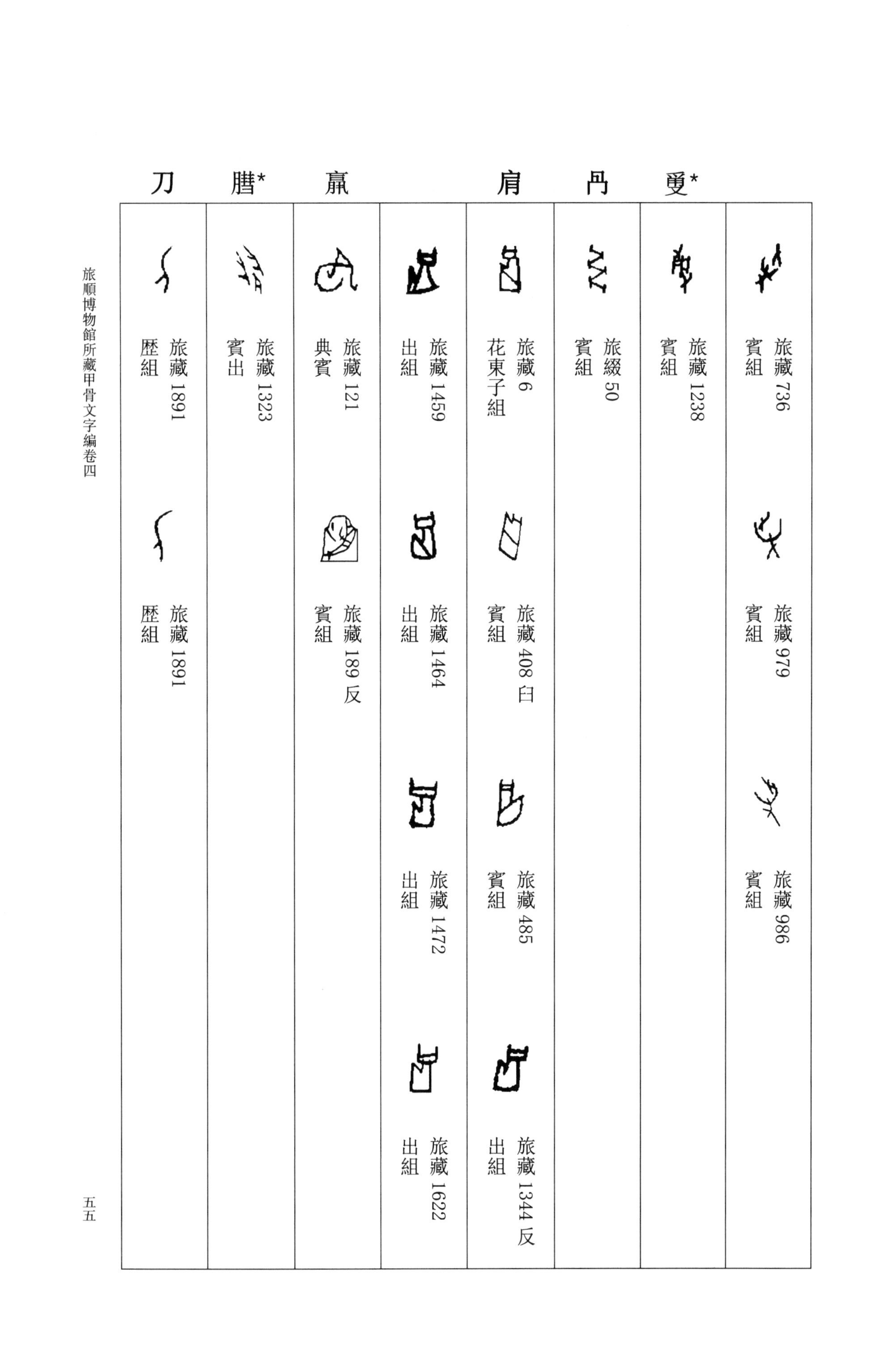

旅藏736 賓組

旅藏979 賓組

旅藏986 賓組

叟*

旅藏1238 賓組

冎

旅綴50 賓組

肩

旅藏6 花東子組

旅藏408臼 賓組

旅藏485 賓組

旅藏1344反 出組

旅藏1459 出組

旅藏1464 出組

旅藏1472 出組

旅藏1622 出組

贏

旅藏121 典賓

旅藏189反 賓組

腊*

旅藏1323 賓出

刀

旅藏1891 歷組

旅藏1891 歷組

剛	[剺] 割	刖	刵	[劓] 自刂*	刹*	劉*	刃
旅藏 1098 賓組	旅藏 336 賓組	旅藏 1322 賓出	旅藏 502 賓組	旅藏 502 賓組	旅藏 573 賓組	旅藏 1840 無名組	旅藏 61 自賓間

耤

旅藏277
賓組

旅藏277
賓組

旅順博物館所藏甲骨文字編卷五

竹

旅藏 269 賓組

旅藏 403 賓組

箙

重見「葡」字下。

箕

旅藏 46 自小字

旅藏 55 自賓間

旅藏 56 自賓間

旅藏 69 賓一

旅藏 223 正 賓組

旅藏 325 賓組

旅藏 431 反 賓組

旅藏 623 賓組

旅藏 970 反 賓組

旅藏 1316 賓出

旅藏 1322 賓出

旅藏 1344 正 出組

旅藏 1417 出組

旅藏 1588 出組

旅藏 1692 出組

旅藏 1728 出組

旅藏1766 何組
旅藏1775 何組
旅藏1779 何組
旅藏1823 無名組

旅藏1824 無名組
旅藏1832 無名組
旅藏1834 無名組
旅藏1867 歷二

旅藏1879 歷組
旅藏1912 歷劣 習刻
旅藏2078 黄組
旅藏1954正 黄組

旅藏1931 黄組
旅藏2052 黄組
旅藏9 子組
旅藏1874 歷組

旅藏1924 黄組
旅藏1944 黄組
旅藏2011 黄組
旅藏2040 黄組

旅藏2044 黄組

卜辭用爲『其』。

奠

旅藏1325 賓出

工

旅藏285 賓組
旅藏359 賓組

巫

- 旅藏250 賓組
- 旅藏1887 歷組 

曰

- 旅藏51 自小字
- 旅藏134反 賓組 
- 旅藏174 賓組 
- 旅藏196 賓組 
- 旅藏732正 賓組 
- 旅藏937反 賓組 
- 旅藏970反 賓組 
- 旅藏1668 出組 
- 旅藏298 賓組 
- 旅藏604 賓組 
- 旅藏1961 黃組 
- 旅藏1965 黃組 
- 旅藏1966 黃組 
- 旅藏2012 黃組 
- 旅藏2081 黃組 
- 旅藏2092 黃組 
- 旅藏232反 賓組 
- 旅藏698反 賓組 
- 旅藏943反 賓組 

曹

- 旅藏1 圓體
- 旅藏1 圓體 
- 旅藏65 賓一 
- 旅藏107 賓組 
- 旅藏456 賓組 
- 旅藏1060 賓組

字頭	1	2	3	4
迺	 旅藏 1 圓體	 旅藏 1266 賓組	 旅藏 1275 賓組	
丂	 旅藏 508 賓組			
寧［咢］	 旅藏 1790 何組	 旅藏 1791 何組	 旅藏 1866 歷一	 旅藏 2072 黃組
乎	 旅藏 12 子組	 旅藏 20 自組	 旅藏 62 賓一	 旅藏 126 賓組
	 旅藏 163 賓組	 旅藏 164 賓組	 旅藏 166 賓組	 旅藏 169 賓組
	 旅藏 186 賓組	 旅藏 231 賓組	 旅藏 558 賓組	 旅藏 806 反 賓組
	 旅藏 1420 出組			
亏［于］	 旅藏 1 圓體	 旅藏 3 午組	 旅藏 4 午組	 旅藏 24 自組

旅藏34 自組	旅藏66 賓一	旅藏123正 賓組	旅藏275 賓組
旅藏340 賓組	旅藏417 賓組	旅藏801反 賓組	旅藏1012 賓組
旅藏1224正 賓組	旅藏1316 賓出	旅藏1347 出組	旅藏1497 出組
旅藏1501 出組	旅藏1775 何組	旅藏1822 無名組	旅藏1834 無名組
旅藏1843 無名組	旅藏1865 歷一	旅藏1949 黃組	旅藏1957 黃組
旅藏2071 黃組	旅藏2189 黃組		

旨

旅藏118 賓組

喜

旅藏293 賓組	旅藏1427 出組	旅藏1465 出組	旅藏1701 出組

壴

旅藏 258 賓組

旅藏 368 賓組

旅藏 1231 賓組

旅藏 1806 何組

旅藏 1822 無名組

彭

旅藏 1777 何組

旅藏 1785 何組

豊

旅藏 1501 出組

⿰山⿸虍大*

旅藏 533 賓組

⿸虍大* [⿰氵⿸虍大]

旅藏 1863 歷無

字書漏收

虎

旅藏 1266 賓組 缺刻

虤

旅藏 271 賓組

皿

旅藏838反 賓組

盂

旅藏1830 無名組

旅藏1831 無名組

盧

旅藏1 圓體

[昷]
𥁕

旅藏498 賓組

旅藏499 賓組

旅藏501 賓組

旅綴12 賓組

旅藏737 賓組

旅綴13 賓組

盖*

旅藏1023 賓組

去

旅藏1701 出組

[向]
血

旅藏272 賓組

旅藏351 賓組

旅藏534反 賓組

井

旅藏 186 賓組

旅藏 190 賓組

旅藏 192 反 賓組

旅藏 287 反 賓組

弁*

旅藏 55 自賓間

即

旅藏 1350 出組

旅藏 1432 出組

旅藏 1491 出組

旅藏 1648 出組

旅藏 1665 出組

旅藏 1698 出組

旅藏 1700 出組

旅藏 1844 無名組

既

旅藏 573 賓組

鬯

旅藏 1 圓體

爵

旅藏 202 正 賓組

旅藏 1303 賓組

食

旅藏 711 賓組

今

旅藏 2 午組
旅藏 7 子組 
旅藏 49 自小字 
旅藏 53 自賓間 

旅藏 58 自賓間
旅藏 70 賓一 
旅藏 179 賓組 
旅藏 418 正 賓組 

旅藏 606 賓組
旅藏 1327 賓出 
旅藏 1424 出組 
旅藏 1590 出組 

旅藏 1777 何組
旅藏 1792 何組 
旅藏 1823 無名組 
旅藏 1840 無名組 

旅藏 1892 歷組
旅藏 1971 黃組 
旅藏 2072 黃組 
旅藏 2184 正 黃組 倒書 

旅藏 334 賓組
旅藏 418 正 賓組 
旅藏 617 賓組 
旅藏 1326 賓出 

旅藏 1529 出組
旅藏 1583 出組 
旅藏 1661 出組 
旅藏 1748 事何 

旅藏 1781 何組
旅藏 1882 歷組 
旅藏 1899 歷組 
旅藏 2075 黃組

入

旅藏 2143 黄組
旅藏 2159 黄組
旅藏 700 賓組
旅藏 1805 何組

旅藏 107 臼 賓組
旅藏 122 賓組
旅藏 123 反 賓組
旅藏 279 賓組

旅藏 282 賓組
旅藏 400 賓組
旅藏 557 臼 賓組
旅藏 693 反 賓組

旅藏 1236 賓組
旅藏 1322 賓出
旅藏 1420 出組
旅藏 1949 黄組

缶

旅藏 242 賓組
旅藏 274 反 賓組

䠶 [射]

旅藏 306 正 賓組
旅藏 527 賓組
旅藏 531 賓組
旅藏 532 反 賓組

旅藏 1141 賓組
旅綴 50 賓組
旅藏 1890 歷組

侯 [矦]

旅藏 27 自組
旅藏 1325 賓出
旅綴 55 賓組

臾*		高	央	京	[亯] 就	𦎫	𩫨*
 旅藏 659 賓組	 旅藏 1881 歷組	 旅藏 104 賓組	 旅藏 198 正 賓組	 旅藏 1418 出組	 旅藏 211 賓組	 旅藏 59 自賓間	 旅藏 1949 黄組
旅藏 1875 歷組		旅藏 105 賓組				 旅藏 339 賓組	 旅藏 1949 黄組
 旅藏 1876 歷組						旅藏 989 賓組	 旅藏 1949 黄組
旅藏 1877 歷組							旅藏 1949 黄組

旅藏 1959 黃組

旅藏 1949 黃組

旅藏 1949 黃組

旅藏 1949 黃組

亩

旅藏 357 賓組

亶*

旅藏 1117 賓組

來

旅藏 22 𠂤組

旅藏 1522 出組

旅藏 1523 出組

旅藏 1741 出組

旅藏 1882 歷組

旅藏 1949 黃組

旅藏 1951 黃組

旅藏 1955 黃組

旅藏 1956 黃組

旅藏 1959 黃組

旅藏 1961 黃組

旅藏 1967 黃組

旅藏 64 賓一

旅藏 118 賓組

旅藏 123 反 賓組

旅藏 131 賓組

旅藏 209 賓組

旅藏 508 賓組

旅藏 534 正 賓組

旅藏 700 賓組

旅藏 1861 歷無

旅藏 1909 歷組

夏 [暊]

旅藏 1768 何組

旅藏 1810 何組

旅藏 1811 何組

夒

旅藏 1501 出組

旅藏 1505 出組

舞 [無]

旅藏 53 自賓間

旅藏 53 自賓間

旅藏 53 自賓間

旅藏 415 賓組

旅藏 416 賓組

䍙 [蚩]

旅藏 84 正 賓組

旅藏 100 正 賓組

旅藏 469 反 賓組

旅藏 470 賓組

旅藏 471 賓組

旅藏 1319 賓出

旅藏 1344 正 出組

旅藏 1504 出組

旅藏 1531 出組

旅藏 1949 黃組

旅藏 1962 黃組

卜辭用爲『害』。

韋

旅藏 202 正
賓組

旅藏 230
賓組

旅藏 377 正
賓組

旅藏 497
賓組

旅藏 578
賓組

旅藏 798
賓組

旅藏 999
賓組

旅綴 14
賓組

乘

旅藏 218
賓組

旅藏 557 正
賓組

旅順博物館所藏甲骨文字編卷六

柚	榆	樹［权尌］	休	東	楚
旅藏1949 黄組	旅藏1832 無名組	旅藏1230 賓組	旅藏229 賓組	旅藏8 子組	旅藏1764 何組
旅藏1949 黄組				旅藏133 賓組	
				旅藏1274 賓組	
				旅藏2071 黄組	

麓

旅藏 1957 黃組

才

旅藏 52 自小字

旅藏 240 賓組

旅藏 376 賓組

旅藏 498 賓組

旅藏 508 賓組

旅藏 571 賓組

旅藏 959 賓組

旅藏 1319 賓出

旅藏 1322 賓出

旅藏 1428 出組

旅藏 1460 出組

旅藏 1504 出組

旅藏 1541 出組

旅藏 1765 何組

旅藏 1799 正 何組

旅藏 1822 無名組

旅藏 1962 黃組

旅藏 2147 黃組

旅藏 2150 黃組

旅藏 1538 出組

旅藏 1608 出組

旅藏 2071 黃組

旅藏 2079 黃組

旅藏 2090 黃組

旅藏 2169 黃組

之

旅藏 336 賓組
旅藏 345 賓組 
旅藏 640 賓組 
旅藏 758 賓組 
旅藏 1149 賓組 
旅藏 1199 賓組 
旅藏 1731 出組 
旅藏 1827 無名組 

[㞢] 㞢

旅藏 166 賓組
旅藏 167 賓組 
旅藏 168 賓組 
旅藏 313 賓組 
旅藏 330 賓組 
旅藏 513 賓組 
旅藏 533 賓組 
旅藏 540 賓組 
旅藏 1152 正 賓組 
旅藏 1825 無名組 
旅藏 1879 歷組 
旅藏 1879 歷組 
旅藏 1949 黃組 
旅藏 1950 黃組 
旅藏 1955 黃組 
旅藏 1964 黃組 
旅藏 1966 黃組 
旅藏 336 賓組 
旅藏 349 賓組 
旅藏 1949 黃組 
旅藏 1949 黃組

師

卜辭用『𠂤』爲『師』，重見『𠂤』下。

出

旅藏 46 自小字
旅藏 46 自小字 
旅藏 113 賓組 
旅藏 326 賓組 

旅藏 351 賓組
旅藏 402 正 賓組 
旅藏 565 賓組 
旅藏 571 賓組 

旅藏 1236 賓組
旅藏 1334 出組 
旅藏 1414 出組 
旅藏 1425 出組 

旅藏 1426 出組
旅藏 1531 出組 
旅藏 1607 出組 
旅藏 1610 出組 

旅藏 1613 出組
旅藏 1634 出組 

敖

旅藏 57 自賓間
旅藏 58 自賓間 

南

旅藏 64 賓一
旅藏 136 賓組 
旅藏 277 賓組 
旅藏 420 賓組

生

旅藏 49 自小字

旅藏 123 正 賓組

旅藏 223 正 賓組

丰

旅藏 1855 組類不明

乇

旅藏 251 賓組

旅藏 461 反 賓組

橐

旅藏 40 正 自組

櫜*

旅藏 1260 賓組

圍

旅藏 60 自賓間

旅藏 312 賓組

旅藏 566 正 賓組

旅藏 1253 賓組

圂

旅藏 557 臼 賓組

賜

卜辭用「易」爲「賜」和「暘」，重見「易」下。

賓

旅藏 99 反 賓組

旅藏 104 賓組

旅藏 169 賓組

旅藏 223 正 賓組

旅藏 268 賓組

旅藏 289 正 賓組

旅藏 336 賓組

旅藏 417 賓組

旅藏 720 賓組

旅藏 724 賓組

旅藏 953 賓組

旅藏 390 賓組

旅藏 372 正 賓組

旅藏 372 臼 賓組

旅藏 73 賓一

旅藏 298 賓組

旅藏 1770 何組 𡧊或體

旅藏 1342 出組

旅藏 1350 出組

旅藏 1427 出組

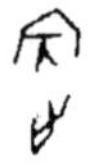

旅藏 1429 出組

旅藏 1438 出組

旅藏 1447 出組

旅藏 1768 何組

旅藏 1913 黄組

旅藏 1992 黄組

旅藏 1995 黄組

旅藏 2002 黄組

旅藏 2024 黄組

旅藏 1340 出組

旅藏 1344 正 出組

旅藏 1349 出組

貪

旅藏 1350 出組

旅藏 1431 出組

旅藏 1769 何組

旅藏 1922 黄組

旅藏 1990 黄組

旅藏 1465 出組

旅藏 1916 黄組

旅藏 205 賓組

旅藏 206 賓組

旅藏 281 正 賓組

邑

旅藏 259 賓組

旅藏 281 反 賓組

旅藏 286 賓組

旅藏 343 臼 賓組

旅藏 732 臼 賓組

旅藏 939 賓組

旅藏 994 正 賓組

旅綴 19 賓組

旅藏 1949 黄組

旅順博物館所藏甲骨文字編卷七

日

旅藏 2 午組
旅藏 31 正 自組 
旅藏 48 自小字 
旅藏 49 自小字 

旅藏 60 自賓間
旅藏 110 賓組 
旅藏 243 賓組 
旅藏 365 賓組 

旅藏 418 正 賓組
旅藏 639 賓組 
旅藏 650 正 賓組 
旅藏 1149 賓組 

旅藏 1456 出組
旅藏 1457 出組 
旅藏 1564 出組 
旅藏 1616 出組 

旅藏 1778 何組
旅藏 1823 無名組 
旅藏 1828 無名組 
旅藏 1892 歷組 

旅藏 1916 黃組
旅藏 1971 黃組 
旅藏 1830 無名組 
旅藏 1840 無名組

旅藏 1849 無名組

旅藏 1913 黃組

旅藏 1926 黃組

旅藏 1930 黃組

旅藏 1946 黃組

旅藏 2071 黃組

旅藏 2092 黃組

旅藏 640 賓組

旅藏 696 賓組

旅藏 2075 黃組

暘

卜辭用『易』爲『賜』和『暘』，重見『易』下。

昏

旅藏 1744 出組

昔

旅藏 1239 賓組

量

旅藏 573 賓組

曑*

旅藏 410 賓組

旅

旅藏1340 出組
旅藏1433 出組
旅藏1447 出組
旅藏1497 出組

旅藏1507 出組
旅藏1693 出組
旅藏2071 黃組

斿*

旅藏411 賓組
旅藏1416 出組
旅藏1951 黃組

冥

旅藏175正 賓組
旅藏187 賓組
旅藏481 賓組
旅藏482 賓組

月

旅藏30 自組
旅藏32 自組
旅藏131 賓組
旅藏366 賓組

旅藏468正 賓組
旅藏661 賓組
旅藏706 賓組
旅藏719 賓組

旅藏720 賓組
旅藏1360 出組
旅藏1483 出組
旅藏1642 出組

旅藏1794 何組
旅藏1794 何組
旅藏2094 黃組
旅藏1913 黃組

旅藏 2012 黃組

旅藏 2084 黃組

旅藏 2086 黃組

旅藏 2088 黃組

㞢*

旅藏 28 自組

旅藏 14 自組

旅藏 21 自組

旅藏 23 自組

旅藏 54 自賓間

旅藏 65 賓一

旅藏 81 賓組

旅藏 104 賓組

旅藏 387 自賓間

旅藏 1210 賓組

旅藏 1317 賓出

旅藏 1425 出組

旅藏 1533 出組

旅藏 1680 出組

卜辭用爲「有」，構形理據不明，暫置此處。

㞢又*

旅藏 732 反 賓組

夕

旅藏 29 自組

旅藏 615 賓組

旅藏 619 賓組

旅藏 626 賓組

旅藏 628 賓組

旅藏 630 賓組

旅藏 634 賓組

旅藏 1330 賓出

旅藏 1575 出組
旅藏 1584 正 出組
旅藏 1587 出組
旅藏 1748 事何

旅藏 1781 何組
旅藏 1799 正 何組
旅藏 1802 何組
旅藏 1918 黃組

旅藏 1922 黃組
旅藏 2008 黃組
旅藏 2077 黃組
旅藏 53 自賓間

旅藏 445 賓組
旅藏 534 反 賓組
旅藏 613 賓組
旅藏 622 賓組

旅藏 632 賓組
旅藏 654 賓組
旅藏 757 賓組
旅藏 1075 賓組

旅藏 1318 賓出
旅藏 1326 賓出
旅藏 1453 出組
旅藏 1455 出組

旅藏 1589 出組
旅藏 1590 出組
旅藏 1644 出組
旅藏 1780 何組

旅藏 1805 何組
旅藏 2151 黃組

夢

- 旅藏 336 賓組
- 旅藏 478 賓組
- 旅藏 479 賓組

多

- 旅藏 213 賓組
- 旅藏 540 賓組
- 旅藏 1199 賓組
- 旅藏 1319 賓出
- 旅藏 1567 出組
- 旅藏 1763 何組
- 旅藏 1 圓體

函

- 旅藏 1229 賓組

隸

- 旅藏 193 正 賓組

束

- 旅綴 36 賓組

爿*

- 旅藏 251 賓組

鼎

- 旅藏 432 賓組
- 旅藏 573 賓組
- 旅藏 1088 賓組

克

旅藏 8 子組

旅藏 245 賓組

旅藏 571 賓組

旅藏 1227 賓組

彔

旅藏 251 賓組

禾

旅藏 236 賓組

旅藏 354 賓組

旅藏 1834 無名組

穫

旅藏 355 反 賓組

康

旅藏 1935 黃組

旅藏 1936 黃組

旅藏 1937 黃組

年

旅藏 334 賓組

旅藏 335 賓組

旅藏 336 賓組

旅藏 337 反 賓組

旅藏 338 賓組

旅藏 340 賓組

旅藏 343 正 賓組

旅藏 345 賓組

旅藏 346 賓組

旅藏 347 賓組

旅藏 348 賓組

旅藏 1424 出組

旅藏 1425
出組

秋

旅藏 7
子組

旅藏 700
賓組

黍

旅藏 340
賓組

旅藏 351
賓組

旅藏 352
賓組

旅藏 1425
出組

米

旅藏 1213 正
賓組

穈*

旅藏 112
賓組

朩

旅藏 1891
歷組

家

旅藏 436
賓組

旅藏 498
賓組

旅藏 498
賓組

宰

旅藏 83 反
賓組

宋

旅藏 28 自組

宗

旅藏 363 賓組

旅藏 1843 無名組

旅藏 1844 無名組

旅藏 1923 黃組

旅藏 1936 黃組

旅藏 1941 黃組

旅藏 2016 黃組

旅藏 2017 黃組

宮

旅藏 1949 黃組

罙［探］

旅藏 247 正 賓組

旅藏 1226 賓組

疾

旅藏 4 午組

旅藏 47 自小字

旅藏 485 賓組

旅藏 488 賓組

旅藏 489 賓組

旅藏 490 賓組

旅藏 491 正 賓組

旅藏 492 賓組

旅綴 26 賓組

疫	网	罬	罝 [䍏]	置	帚		
旅藏 143 賓組	旅藏 1612 反 出組	旅藏 302 正 賓組	旅藏 333 正 賓組	旅藏 1241 賓組	旅藏 7 子組	旅藏 200 賓組	旅藏 184 賓組
旅藏 213 賓組		旅藏 302 反 賓組			旅藏 179 賓組	旅藏 200 賓組	旅藏 192 反 賓組
旅藏 213 賓組					旅藏 179 賓組	旅藏 173 賓組	旅藏 278 反 賓組
					旅藏 195 賓組	旅藏 174 賓組	旅藏 340 賓組

白

旅藏 482
賓組

旅藏 1028
賓組

旅藏 402 反
賓組

旅藏 227 正
賓組

旅順博物館所藏甲骨文字編卷八

人

旅藏104 賓組

旅藏172反 賓組

旅藏195 賓組

旅藏251 賓組

旅藏257 賓組

旅藏355反 賓組

旅藏498 賓組

旅藏508 賓組

旅藏521 賓組

旅藏1274 賓組

旅藏1912 歷劣 習刻

保

旅藏41 自組

旅藏251 賓組

旅藏53 自賓間

伯

卜辭用「白」爲「伯」，重見「白」下。

何

旅綴62 出組

旅綴62 出組

旅藏1754 何組

旅藏1755 何組

作

旅藏1756 何組
旅藏1757 何組 
旅藏1759 何組 
旅藏1762 何組 

旅藏1766 何組
旅藏1781 何組 
旅藏1794 何組 
旅藏1796 何組 

旅藏1797 何組
旅藏1800 何組 
旅藏1801 何組 
旅藏1803 何組 

旅藏1859 組類不明

卜辭用「乍」爲「作」，重見「乍」下。

使

卜辭用「吏」爲「使」，重見「吏」下。

伐

旅藏1 圓體
旅藏19 自組 
旅藏185 賓組 
旅藏360反 賓組 

旅藏444 賓組
旅藏448正 賓組 
旅藏539 賓組 
旅藏563 賓組

旅綴 52 賓組

旅藏 1295 賓組

旅藏 1835 無名組

旅藏 1886 歷組

旅藏 1929 黄組

旅藏 443 賓組

旅藏 1244 賓組

僃*

旅藏 354 賓組

匕

旅藏 104 賓組

旅藏 104 賓組

旅藏 106 賓組

旅藏 107 賓組

旅藏 109 賓組

旅藏 408 正 賓組

从

旅綴 17 賓組

旅藏 272 賓組

旅藏 415 賓組

旅藏 609 賓組

旅藏 1185 賓組

旅藏 1309 賓組

旅綴 14 賓組

旅綴 14 賓組

旅藏 1831 無名組

旅藏 1832 無名組

旅藏 1962 黄組

旅藏 2071 黄組

比		北	丘	眾		壬	[𡈼] 徵
旅藏 218 賓組	旅藏 1029 賓組	旅藏 278 正 賓組	旅藏 282 賓組	旅藏 104 賓組	旅藏 520 賓組	旅藏 149 賓組	旅藏 166 賓組
旅藏 557 正 賓組	旅藏 1850 無名組			旅藏 251 賓組		旅藏 150 賓組	旅藏 166 賓組
旅藏 558 賓組	旅藏 1910 歷組			旅藏 257 賓組		旅藏 151 正 賓組	旅藏 6 花東子組
旅藏 980 賓組	旅藏 1911 歷組			旅藏 285 賓組			旅藏 489 賓組

朢

旅藏 172 反 賓組

旅藏 189 正 賓組

旅藏 218 賓組

旅藏 557 正 賓組

旅藏 558 賓組

身

旅藏 1147 反 賓組

卒

旅藏 110 賓組

旅綴 5 賓組

旅藏 1369 出組

旅藏 1504 出組

旅藏 1616 出組

旅藏 1948 黄組

屎*

旅藏 336 賓組

旅藏 336 賓組

旅綴 50 賓組

舟

旅藏 1072 賓組

朕

旅藏 13 自組

旅藏 114 賓組

般

旅藏 175 正 賓組

[illegible]*

旅綴 17 賓組

方

旅藏 59 自賓間

旅藏 60 自賓間

旅藏 568 賓組

旅藏 1083 賓組

旅藏 160 正 賓組

旅藏 511 賓組

旅藏 540 賓組

旅藏 564 賓組

旅藏 567 賓組

旅藏 570 正 賓組

旅藏 969 賓組

旅藏 1020 賓組

旅綴 15 賓組

旅藏 1891 歷組

允

旅藏 19 自組

旅藏 110 賓組

旅藏 254 賓組

旅藏 298 賓組

旅藏 336 賓組

旅藏 499 賓組

旅藏 541 賓組

旅藏 576 賓組

兄

旅藏 603 賓組
旅藏 609 賓組 
旅藏 611 賓組 
旅藏 640 賓組 

旅藏 651 賓組
旅藏 731 反 賓組 
旅藏 732 正 賓組 
旅藏 961 反 賓組 

旅藏 1075 賓組
旅藏 1196 賓組 
旅藏 1867 歷二 

旅藏 343 正 賓組
旅藏 400 賓組 
旅藏 401 賓組 
旅藏 991 賓組 

旅藏 1140 賓組
旅藏 1319 賓出 
旅藏 1498 出組 
旅藏 1620 出組 

旅藏 1563 出組
旅藏 1618 出組 
旅藏 1619 出組 
旅藏 1621 出組 

旅藏 1702 出組

［朁］兂

旅藏 573 賓組

先

旅藏 185 賓組

旅藏 186 賓組

旅藏 195 賓組

旅藏 218 賓組

旅藏 1076 賓組

旅藏 1506 出組

見

旅藏 247 正 賓組

視

旅藏 59 自賓間

旅藏 527 賓組

旅綴 9 賓組

次

旅藏 266 賓組

旅順博物館所藏甲骨文字編卷九

彡［肜］

旅藏7 子組

旅藏402正 賓組

旅藏403 賓組

旅藏700 賓組

旅藏993 賓組

旅藏1343 出組

旅藏1344正 出組

旅藏1345 出組

旅藏1888 歷組

旅藏1913 黃組

旅藏1918 黃組

旅藏1922 黃組

旅藏1947 黃組

旅藏2007 黃組

旅藏2008 黃組

旅藏2087 黃組

文

旅藏1944 黃組

旅綴69 黃組

司

旅藏7 子組

旅藏18 自組

旅藏107 賓組

旅藏474反 賓組

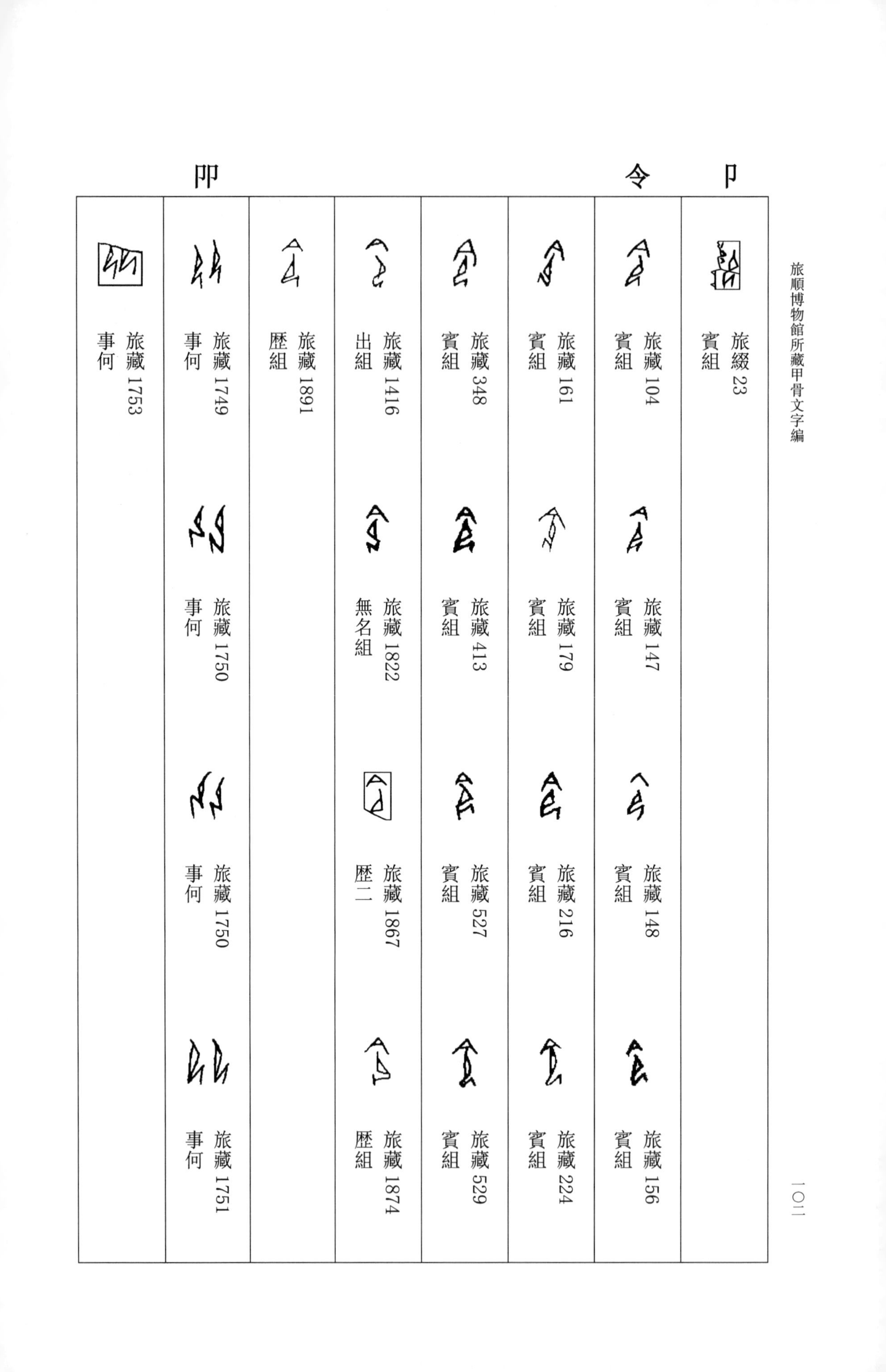

卩

旅綴23 賓組

令

旅藏104 賓組

旅藏147 賓組

旅藏148 賓組

旅藏156 賓組

旅藏161 賓組

旅藏179 賓組

旅藏216 賓組

旅藏224 賓組

旅藏348 賓組

旅藏413 賓組

旅藏527 賓組

旅藏529 賓組

旅藏1416 出組

旅藏1822 無名組

旅藏1867 歷二

旅藏1874 歷組

旅藏1891 歷組

卯

旅藏1749 事何

旅藏1750 事何

旅藏1750 事何

旅藏1751 事何

旅藏1753 事何

卬*

旅藏 1957 黃組

旅藏 1967 黃組

旅藏 1968 黃組

旅綴 75 黃組

卜辭用爲『孚』。

印

旅藏 500 賓組

旅藏 500 賓組

旅藏 573 賓組

辟

旅藏 26 自組

旬

旅藏 2 午組

旅藏 50 自小字

旅藏 70 賓一

旅藏 648 正 賓組

旅藏 715 賓組

旅藏 718 賓組

旅藏 720 賓組

旅藏 722 賓組

旅藏 725 賓組

旅藏 727 賓組

旅藏 729 賓組

旅藏 731 正 賓組

旅藏 732 正 賓組

旅藏 734 正 賓組

旅藏 742 賓組

旅藏 743 賓組

鬼

旅藏 751 賓組

旅藏 1608 出組

旅藏 1610 出組

旅藏 1612 正 出組

旅藏 1613 出組

旅藏 1614 出組

旅藏 1618 出組

旅藏 1620 出組

旅藏 1621 出組

旅藏 1622 出組

旅藏 1626 出組

旅藏 1749 事何

旅藏 1752 事何

旅藏 1793 何組

旅藏 1794 何組

旅藏 1795 何組

旅藏 1797 何組

旅藏 1798 何組

旅藏 1896 歷組

旅藏 1897 歷組

旅藏 2079 黃組

旅藏 2080 黃組

旅藏 2085 黃組

旅藏 2097 黃組

旅藏 2114 黃組

旅藏 2116 黃組

旅藏 2134 黃組

旅藏 1320 賓出

旅藏 1321 賓出

旅藏 1530 出組

旅藏 1867 歷二

⿰糹鬼*

旅綴 14 賓組

岳

旅藏 53 自賓間

旅藏 286 賓組

旅藏 379 賓組

旅藏 404 正 賓組

旅藏 417 賓組

旅藏 468 反 賓組

旅綴 19 賓組

虘*

旅藏 1827 無名組

旅藏 1827 無名組

龐

旅藏 194 反 賓組

旅藏 195 賓組

厃

旅藏 557 正 賓組

旅藏 558 賓組

石

旅藏 53 自賓間

旅藏 53 自賓間

勿

旅藏 13 自組

旅藏 17 自組

旅藏 53 自賓間

旅藏 80 賓組

旅藏 149 賓組　旅藏 152 賓組　旅藏 179 賓組　旅藏 348 賓組

旅藏 529 賓組　旅藏 941 賓組　旅藏 1178 賓組　旅藏 1331 賓出

旅藏 1732 出組　旅藏 177 賓組　旅藏 422 正 賓組　旅藏 1372 出組

旅藏 1521 出組

卜辭「勿」或用作「物」。

豕

旅藏 46 自小字　旅藏 463 賓組

豕

旅藏 425 賓組

彘

旅藏 19 自組　旅綴 44 賓組　旅綴 45 賓組　旅綴 46 賓組

旅綴 46 賓組

象

旅藏 461 反 賓組

豹

旅藏 300 賓組

𤉡［兕］

旅藏 35 正 𠂤組

旅藏 301 正 賓組

旅藏 1017 賓組

旅藏 1028 賓組

旅藏 1267 賓組

旅藏 1834 無名組

易

旅藏 696 賓組

旅藏 696 賓組

旅藏 697 賓組

旅藏 803 反 賓組

旅藏 1247 賓組

旅藏 1329 賓出

旅藏 1601 出組

卜辭用『賜』和『賜』。

旅順博物館所藏甲骨文字編卷十

馬

旅藏155 賓組

旅藏279 賓組

旅藏328正 賓組

旅藏525 賓組

旅藏526 賓組

旅藏527 賓組

鹿

旅藏300 賓組

旅藏1969 黃組

旅綴75 黃組

麋

旅藏328正 賓組

旅藏329 賓組

旅藏1833 無名組

㲋

旅藏1268 賓組

兔

旅綴13 賓組

逸［兎］

- 旅藏534反 賓組
- 旅藏1250正 賓組 

⿱兔亏*

- 旅藏1529 出組

犬

- 旅藏17 自組
- 旅藏309 賓組 
- 旅藏463 賓組 
- 旅藏681 賓組 
- 旅藏1259 賓組 

獲［隻］

- 旅藏305 賓組
- 旅藏307正 賓組 
- 旅藏308 賓組 
- 旅藏311 賓組 
- 旅藏312 賓組 
- 旅藏314正 賓組 
- 旅藏315反 賓組 
- 旅藏316 賓組 
- 旅藏336 賓組 
- 旅藏572正 賓組 
- 旅藏1421 出組 
- 旅藏1957 黄組 
- 旅藏1969 黄組 
- 旅藏1970 黄組

[⿰犭匚]

⿸匚犬*

旅藏 323 賓組

旅藏 1952 黄組

旅藏 1957 黄組

旅藏 1970 黄組

⿰目犬*

旅藏 1919 黄組

旅藏 1962 黄組

旅藏 2079 黄組

旅藏 2080 黄組

旅藏 2088 黄組

旅藏 2090 黄組

旅藏 2092 黄組

旅藏 2097 黄組

旅藏 2103 黄組

旅藏 2104 黄組

旅藏 2105 黄組

旅藏 2109 黄組

旅藏 2113 黄組

旅藏 2116 黄組

旅藏 2121 黄組

旅藏 2124 黄組

旅藏 2125 黄組

旅藏 2136 黄組

旅藏 2137 黄組

旅藏 2149 黄組

旅藏 2152 黄組

旅藏 2172 黄組

旅藏 2184 黄組

犾*

旅藏 1793 何組

尞

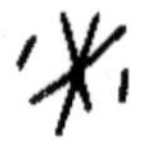

旅藏 418 正 賓組

旅藏 419 賓組

旅藏 420 賓組

旅藏 422 正 賓組

旅藏 424 賓組

旅藏 425 賓組

旅藏 426 賓組

旅藏 427 賓組

旅藏 428 賓組

旅藏 1501 出組

旅藏 1505 出組

旅藏 1865 歷一

旅藏 1882 歷組

炋

旅藏 573 賓組

蕢*

旅藏 1788 何組

旅藏 1789 何組

黑

旅藏 6 花東子組

赤

旅藏 1857 反 組類不明

大

旅藏 2 午組
旅藏 264 賓組
旅藏 451 賓組
旅藏 573 賓組

旅藏 1023 賓組
旅藏 1277 賓組
旅藏 1446 出組
旅藏 1501 出組

旅藏 1524 出組
旅藏 1641 出組
旅藏 1686 出組
旅藏 1730 出組

旅藏 1838 無名組
旅藏 1857 正 組類不明
旅藏 1882 歷組
旅藏 1912 歷劣

旅藏 1949 黃組
旅藏 2090 黃組

夷

旅藏 179 賓組
旅藏 179 賓組

⿰扌大*

旅藏 14 自組

⿰弓戈*

旅藏 163 賓組

亦

旅藏223正 賓組

旅藏421 賓組

旅藏534正 賓組

旅藏637 賓組

旅藏1199 賓組

旅綴28 賓組

[旌] 奔

旅藏179 賓組

旅藏179 賓組

旅藏193正 賓組

[㚔] 幸

旅藏65 賓一

旅藏126 賓組

旅藏251 賓組

旅藏516 賓組

旅藏517 賓組

旅藏518 賓組

旅藏519 賓組

執

旅藏513 賓組

旅藏514 賓組

旅藏515 賓組

旅藏1822 無名組

旅藏2071 黃組

𠦪

旅藏4 午組

旅藏66 賓一

旅藏217 賓組

旅藏283 賓組

奏

旅藏342 賓組

旅藏343正 賓組

旅藏344反 賓組

旅藏350 賓組

旅藏1129 賓組

旅藏1333 出組

旅藏1834 無名組

旅藏1883 歷組

旅藏1883 歷組

旅藏53 自賓間

旅藏53 自賓間

旅藏90 賓組

旅藏452 賓組

奚

旅藏1139 賓組

旅藏1740 出組

旅藏1029 賓組

夫

旅藏1952 黄組

立

旅藏351 賓組

旅藏520 賓組

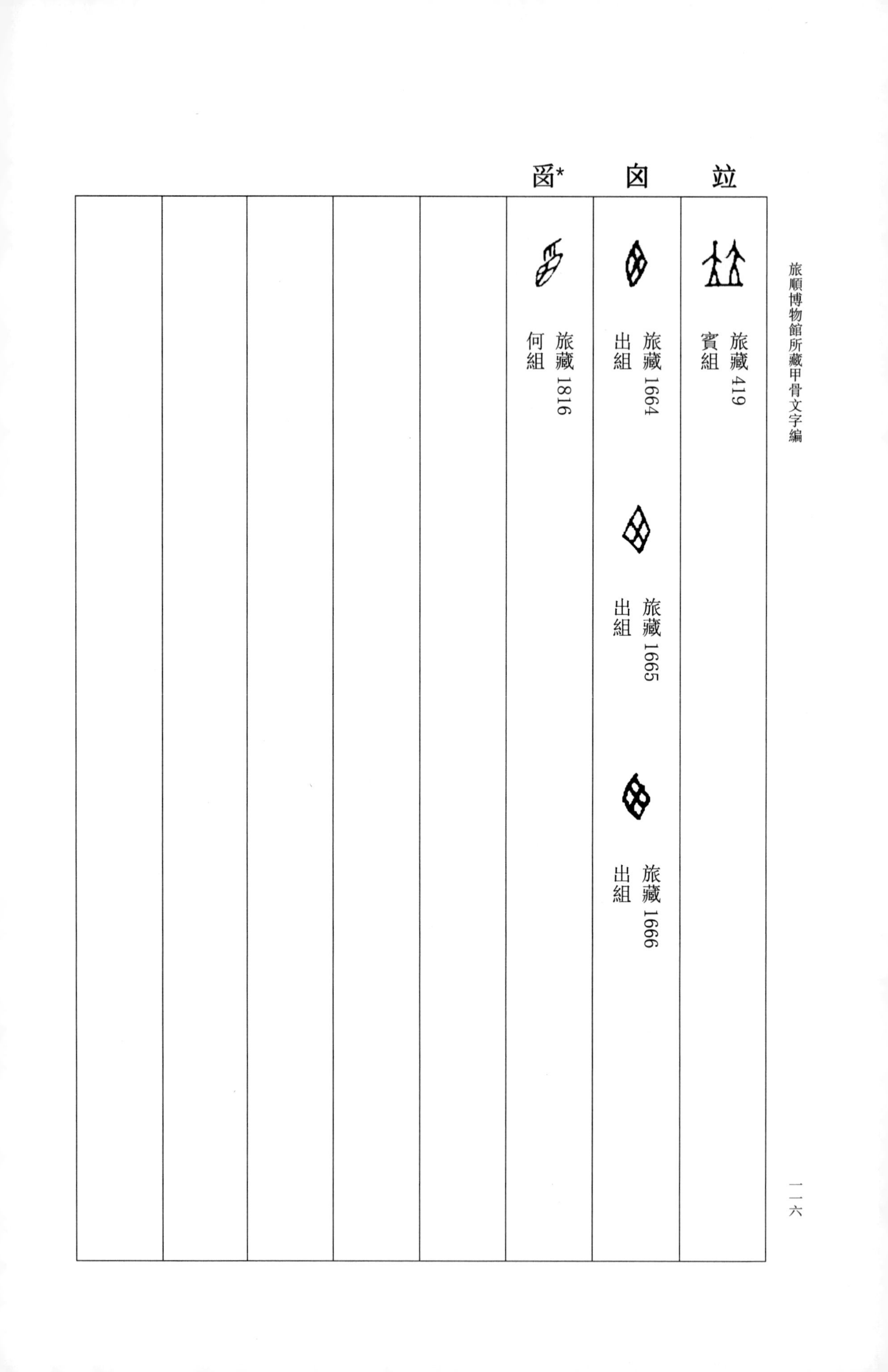

竝	囟	𦥑*
旅藏 419 賓組	旅藏 1664 出組	旅藏 1816 何組
	旅藏 1665 出組	
	旅藏 1666 出組	

旅順博物館所藏甲骨文字編卷十一

河

旅藏53 自賓間

旅藏118 賓組

旅藏340 賓組

旅藏340 賓組

旅藏343正 賓組

旅藏344反 賓組

旅藏415 賓組

旅藏419 賓組

旅藏1257 賓組

洛

旅藏2079 黄組

洹

旅藏265 賓組

旅藏266 賓組

衍

旅藏8 子組

旅藏9 子組

沙

旅藏1242 賓組

沚

旅藏214正 賓組

旅藏215 賓組

旅藏217 賓組

旅藏218 賓組

旅藏222 賓組

旅藏336 賓組

旅綴15 賓組

湄

旅藏1828 無名組

旅藏1830 無名組

濩

旅藏2010 黃組

汏

旅藏234 賓組

潧*

旅藏190 賓組

涉

旅藏51 自小字

旅藏125 賓組

旅藏125 賓組

旅藏419 賓組

[災]

旅綴 53 賓組

旅藏 304 賓組

旅藏 336 賓組

旅藏 1229 賓組

旅藏 1422 出組

旅藏 1423 出組

旅藏 1533 出組

旅藏 1534 出組

旅藏 1535 出組

旅藏 1765 何組

旅藏 1774 何組

旅藏 1775 何組

旅藏 1949 黃組

旅藏 1949 黃組

旅藏 1949 黃組

旅藏 1949 黃組

旅藏 1950 黃組

旅藏 1951 黃組

旅藏 1955 黃組

旅藏 1957 黃組

旅藏 1959 黃組

旅藏 1960 黃組

旅藏 1964 黃組

旅藏 2071 黃組

侃

旅藏 1667 正 出組

泉

旅藏 1799 反 何組

永

旅藏 193 臼 賓組

旅藏 198 正 賓組

旅藏 227 反 賓組

旅藏 487 反 賓組

旅藏 997 賓組

旅藏 998 賓組

雨

旅藏 31 正 自組

旅藏 53 自賓間

旅藏 68 賓一

旅藏 110 賓組

旅藏 184 賓組

旅藏 415 賓組

旅藏 580 賓組

旅藏 620 賓組

旅藏 628 賓組

旅藏 1327 賓出

旅藏 1328 賓出

旅藏 1574 出組

旅藏 1576 出組

旅藏 1581 出組

旅藏 1594 出組

旅藏 1595 出組

旅藏 1748 事何

旅藏 1755 何組

旅藏 1759 何組

旅藏 1780 何組

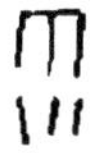

旅藏1827 無名組
旅藏1834 無名組 
旅藏1866 歷一 
旅藏1870 歷二 

旅藏1872 歷組
旅藏1879 歷組 
旅藏1892 歷組 
旅藏2074 黃組 

旅藏629 賓組
旅藏1575 出組 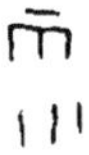
旅藏1787 何組 
旅藏2075 黃組 

旅藏2075 黃組

雷

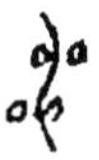

旅藏7 子組

雩

旅藏404臼 賓組

雲［云］

旅藏573 賓組
旅藏573 賓組 
旅藏574 賓組 

⿰云殳*

旅藏573 賓組

鯀

旅綴 84 賓組

⿱虍魚*

旅藏 268 賓組

燕

旅藏 332 賓組

旅藏 1758 何組

龍

旅藏 561 賓組

龔［翼］

旅藏 22 自組

旅藏 76 賓一

旅藏 95 賓組

賓組 104 賓組

旅藏 117 賓組

旅藏 251 賓組

旅藏 251 賓組

旅藏 287 賓組

旅藏 330 賓組

旅藏 418 正 賓組

旅藏 696 賓組

旅藏 977 賓組

旅藏 1014 賓組

旅藏 1032 賓組

旅藏 1209 賓組

旅藏 1318 賓出

旅藏 1323 賓出
旅藏 1329 賓出 
旅藏 1501 出組 
旅藏 1705 出組 

旅藏 1707 出組
旅藏 1835 無名組 
旅藏 1917 黃組 
旅藏 1926 黃組 

旅藏 2090 黃組
旅藏 2090 黃組 
旅藏 2090 黃組 
旅藏 2092 黃組

旅藏 2096 黃組

卜辭用爲『翌日』之『翌』。

曤*

旅藏 157 正 賓組
旅藏 409 正 賓組 
旅藏 1616 出組 
旅藏 2000 黃組 

『翌日』之『翌』的專字。

⿰立翼*

旅藏 1845 無名組
旅藏 1847 無名組 
旅藏 1848 無名組 
旅藏 1939 黃組 

卜辭用爲『翌日』之『翌』。

旅順博物館所藏甲骨文字編卷十二

不

旅藏10 子組
旅藏26 自組
旅藏55 自賓間
旅藏60 自賓間

旅藏69 賓一
旅藏100正 賓組
旅藏177 賓組
旅藏303 賓組

旅藏480正 賓組
旅藏601 賓組
旅藏862 賓組
旅藏1136 賓組

旅藏1339 出組
旅藏1565 出組
旅藏1604 出組
旅藏1674 出組

旅藏1748 事何
旅藏1758 何組
旅藏1781 何組
旅藏1787 何組

旅藏1827 無名組
旅藏1830 無名組
旅藏1862 歷無
旅藏1879 歷組

旅藏1882 歷組
旅藏1895 歷組 
旅藏2073 黃組 
旅藏2074 黃組 

旅藏2077 黃組

秖*

旅藏1219正 賓組

至

旅藏60 自賓間
旅藏223正 賓組 
旅藏269 賓組 
旅藏272 賓組 

旅藏650正 賓組
旅藏732正 賓組 
旅綴3 賓組 
旅藏1504 出組 

旅藏1823 無名組
旅藏1823 無名組 
旅藏1861 歷無 
旅藏1944 黃組 

西

旅藏9 子組
旅藏277 賓組 
旅藏277 賓組 
旅藏336 賓組 

旅藏534正 賓組
旅藏1912 歷劣 習刻 
旅藏2071 黃組

鹵

旅藏 464 賓組

聽

旅藏 467 賓組

聞

旅藏 466 賓組

拇

旅藏 1337 出組

旅藏 1349 出組

旅藏 1350 出組

旅藏 1364 出組

旅藏 1469 正 出組

旅藏 1488 出組

旅藏 1550 出組

旅藏 1651 出組

旅藏 1914 黃組

旅藏 1917 黃組

旅藏 1974 黃組

旅藏 1986 黃組

旅藏 1993 黃組

旅藏 2009 黃組

旅藏 2022 黃組

卜辭讀爲『吝』。

揞

旅藏 283 賓組

敀

旅藏 1957 黃組

妻

旅藏 186 臼 賓組

母

旅藏 16 自組

旅藏 434 反 賓組

旅藏 435 賓組

旅藏 461 反 賓組

旅藏 633 臼 賓組

旅藏 1241 賓組

旅藏 1496 出組

妣

卜辭用「匕」爲「妣」，重見「匕」下。

妹

旅藏 2078 黃組

娥

旅藏 18 自組

旅藏 417 賓組

媚

旅藏 561 賓組

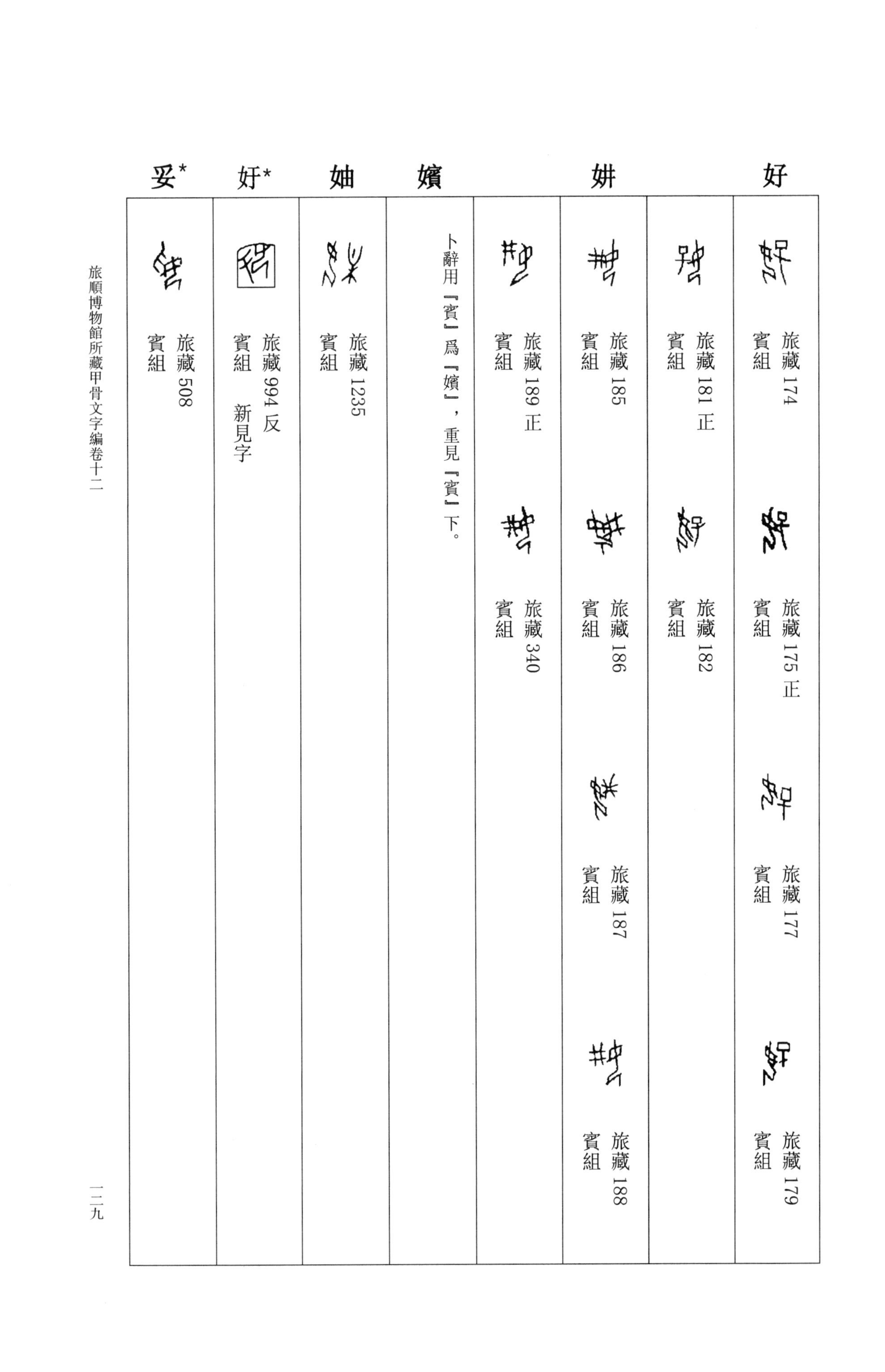

好

旅藏 174 賓組

旅藏 175 正 賓組

旅藏 177 賓組

旅藏 179 賓組

旅藏 181 正 賓組

旅藏 182 賓組

妌

旅藏 185 賓組

旅藏 186 賓組

旅藏 187 賓組

旅藏 188 賓組

旅藏 189 正 賓組

旅藏 340 賓組

嬪

卜辭用『賓』爲『嬪』，重見『賓』下。

妯

旅藏 1235 賓組

好*

旅藏 994 反 賓組 新見字

妥*

旅藏 508 賓組

㚥*

- 旅藏 175 正 賓組
- 旅藏 177 賓組 
- 旅藏 187 賓組 
- 旅藏 480 賓組 
- 旅藏 483 賓組 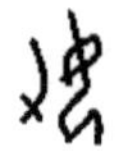
- 旅藏 484 賓組 
- 旅綴 13 賓組 

㚷*

- 旅藏 198 反 賓組

妃*

- 旅藏 1265 賓組

𡟲*

- 旅藏 498 賓組

弗

- 旅藏 59 自賓間
- 旅綴 1 自賓間 
- 旅藏 65 賓一 
- 旅藏 204 賓組 
- 旅藏 331 賓組 
- 旅藏 489 賓組 
- 旅藏 535 賓組 
- 旅藏 560 賓組 
- 旅藏 935 正 賓組 
- 旅藏 1217 賓組 
- 旅藏 1234 賓組 
- 旅藏 1851 無名組

旅藏1891 歷組

戎

旅綴17 賓組

旅藏523 賓組

旅藏524 賓組

旅藏568 賓組

旅藏1286 賓組

旅綴55 賓組

戔*

旅藏185 賓組

旅藏186 賓組

旅藏186 賓組

𢦏

旅綴64 出組

旅綴64 出組

旅藏1827 無名組

旅藏1828 無名組

旅藏1830 無名組

旅藏1831 無名組

旅藏1879 歷組

武

旅藏1937 黃組

旅藏1941 黃組

旅藏1943 黃組

戠

旅藏17 𠂤組

旅藏1071 賓組

旅藏1122 賓組

旅藏1452 出組

旅藏1460 出組

旅藏1461 出組

旅藏1462 出組

旅藏1770 何組

旅藏2059 黃組

戔

旅藏529 賓組

戠*

旅藏215 賓組

旅藏218 賓組

旅藏221 賓組

旅綴15 賓組

戉

旅藏193正 賓組

旅藏225正 賓組

旅藏226 賓組

旅藏425 賓組

旅藏564 賓組

旅綴14 賓組

我

旅藏7 子組

旅藏112 賓組

旅藏251 賓組

旅藏259 賓組

旅藏339 賓組

旅藏340 賓組

旅藏535 賓組

旅藏542 賓組

亡

旅藏557正 賓組
旅藏947 賓組 
旅藏1167 賓組 
旅藏1325 賓出 

旅藏1498 出組

旅藏4 午組
旅藏22 自組 
旅藏47 自小字 
旅藏67 賓一 

旅藏131 賓組
旅藏477 賓組 
旅藏498 賓組 
旅藏606 賓組 

旅藏621 賓組
旅藏669 賓組 
旅藏720 賓組 
旅藏722 賓組 

旅藏739 賓組
旅藏762 賓組 
旅藏1027 賓組 
旅藏1247 賓組 

旅藏1349 出組
旅藏1438 出組 
旅藏1550 出組 
旅藏1564 出組 

旅藏1614 出組
旅藏1618 出組 
旅藏1749 事何 
旅藏1751 事何

乍

旅藏1763 何組
旅藏1792 何組 
旅藏1794 何組 
旅藏1797 何組 

旅藏1803 何組
旅藏1826 無名組 
旅藏1828 無名組 
旅藏1831 無名組 

旅藏1871 歷二
旅藏1878 歷組 
旅藏1896 歷組 
旅藏1897 歷組 

旅藏1898正 歷組
旅藏1914 黄組 
旅藏1986 黄組 
旅藏2115 黄組 

旅藏2181 黄組
旅綴74 黄組 

旅藏259 賓組
旅藏557正 賓組 
旅綴22 賓組 

匂

旅藏336 賓組

區

旅藏418反 賓組

⿷匚鹿*

旅藏 303 賓組

匸

旅藏 372 正 賓組

弜

旅藏 248 賓組

旅藏 275 賓組

旅藏 500 賓組

旅藏 1350 出組

旅藏 1425 出組

旅藏 1430 出組

旅藏 1494 出組

旅藏 1499 出組

旅藏 1742 出組

旅藏 1743 出組

旅藏 1823 無名組

旅藏 1824 無名組

旅藏 1825 無名組

旅藏 1827 無名組

旅藏 1834 無名組

旅藏 1835 無名組

旅藏 1838 無名組

旅藏 1869 歷二

旅藏 1872 歷組

旅藏 1881 歷組

旅順博物館所藏甲骨文字編卷十三

絲

旅藏 7 子組

旅藏 573 賓組

旅藏 578 正 賓組

旅藏 579 賓組

旅藏 581 賓組

旅藏 931 正 賓組

旅藏 1174 賓組

旅藏 1233 正 賓組

旅藏 1294 正 賓組

旅藏 1886 歷組

旅藏 1931 黃組

旅藏 1968 黃組

旅藏 2011 黃組

旅藏 2041 黃組

旅藏 2047 黃組

旅藏 2048 黃組

率

旅藏 112 賓組

旅藏 185 賓組

虫

旅藏 1270 賓組

旅藏 1272 賓組 新字形

蛷*

旅藏 53 自賓間

旅藏 169 賓組

旅藏 184 賓組

旅藏 251 賓組

旅藏 323 賓組

旅藏 417 賓組

旅藏 734 反 賓組

旅藏 837 反 賓組

旅藏 1525 出組

卜辭用爲「求」。

蠱

旅藏 1509 出組

⿱畾虫*

旅藏 1261 賓組

風

卜辭以「鳳」爲「風」，重見「鳳」下。

它

旅藏 1271 賓組

旅藏 2079 黄組

⿰黽攴*

旅藏 495 賓組

鼀

旅綴 2 賓組
旅藏 84 正 賓組 
旅藏 174 賓組 
旅藏 855 賓組 
旅藏 870 賓組 
旅藏 232 正 賓組
旅藏 874 賓組 
旅藏 863 賓組 
旅藏 856 賓組 
旅藏 879 賓組 
旅藏 883 正 賓組 
旅藏 902 賓組 
旅藏 407 正 賓組 
旅藏 578 正 賓組 
旅藏 859 賓組 
旅藏 894 賓組 
旅藏 865 賓組 
旅藏 1068 賓組 
旅綴 13 賓組 
旅藏 403 賓組 
旅藏 418 正 賓組 

二

旅藏 12 子組
旅藏 14 自組 
旅藏 24 自組
旅藏 49 自小字
旅藏 61 自賓間 
旅藏 73 賓一 
旅藏 92 賓組 
旅藏 153 賓組

字頭				
	旅藏 299 正 賓組	旅藏 376 賓組	 旅藏 435 賓組	旅藏 514 賓組
	旅藏 760 賓組	 旅藏 854 賓組	 旅藏 1272 賓組	旅藏 1505 出組
	旅藏 1633 出組	旅藏 1753 事何	旅藏 1780 何組	 旅藏 1801 何組
	旅藏 1838 無名組	 旅藏 1861 歷無	旅藏 1866 歷一	 旅藏 1867 歷二
	旅藏 2042 黃組	旅藏 2078 黃組	旅藏 2114 黃組	
亟	 旅綴 41 賓組			
恒	 旅藏 79 賓組			
亘	 旅藏 65 賓一 新字形	 旅藏 408 臼 賓組	 旅藏 340 賓組	 旅藏 536 賓組

凡	土	基	［坐］ 㘸	［章］ 墉	堯	［莫］ 堇
旅藏633臼 賓組	旅藏26 自組	旅藏347 賓組	旅藏560 賓組	旅綴34 賓組	旅藏157 賓組	旅藏446正 賓組	旅藏468正 賓組
旅藏739 賓組	旅藏55 自賓間	旅藏559 賓組		「[illegible]」字下部所從新見，疑即「[illegible]」字，所從「[illegible]」，編席之形。			旅藏468正 賓組 「堇」字省形。
旅藏921反 賓組	旅藏485 賓組						
旅藏1009 賓組	旅藏486 賓組						

艱 [囏]

旅藏 642 賓組
旅藏 1523 出組 
旅藏 1524 出組 
旅藏 1526 出組 

旅藏 1529 出組
旅藏 84 反 賓組 
旅藏 134 反 賓組 
旅藏 135 正 賓組 

旅藏 138 賓組
旅藏 732 正 賓組 
旅藏 1319 賓出 
旅綴 41 賓組 

旅藏 175 正 賓組

田

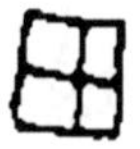

旅藏 330 賓組
旅藏 336 賓組 
旅藏 349 賓組 
旅藏 350 賓組 

旅藏 774 反 賓組
旅藏 1206 賓組 
旅藏 1423 出組 
旅綴 62 出組 

旅綴 64 出組
旅藏 1765 何組 
旅藏 1766 何組 
旅藏 1799 反 何組 

旅藏 1824 無名組
旅藏 1825 無名組 
旅藏 1828 無名組 
旅藏 1830 無名組

旅藏1878 歷組

旅藏1879 歷組

旅藏1949 黃組

旅藏1957 黃組

旅藏1959 黃組

旅藏1960 黃組

疇

旅藏993 賓組

黃

旅藏166 賓組

旅藏149 賓組

旅藏1141 賓組

男

旅藏255 賓組

⿰泉力*

旅藏197 賓組

劦

旅藏1928 黃組

旅藏1930 黃組

旅藏1945 黃組

旅順博物館所藏甲骨文字編卷十四

几

旅藏361正 賓組

旅藏1369 出組

卜辭讀爲『皆』。

且

旅藏3 午組

旅藏25 自組

旅藏65 賓一

旅藏185 賓組

旅藏368 賓組

旅藏369 賓組

旅藏458反 賓組

旅藏509 賓組

旅藏650反 賓組

旅藏988 賓組

旅藏1359 出組

旅藏1360 出組

旅藏1363 出組

旅藏1777 何組

旅藏1822 無名組

旅藏1873 歷組

旅藏1936 黃組

新

旅藏250 賓組

旅綴36 賓組

旅藏1777 何組

斫*

旅藏700 賓組

旅藏1066 賓組

升

旅藏1367 出組

旅藏1835 無名組

旅藏1935 黃組

旅藏1939 黃組

旅藏2012 黃組

旅藏2015 黃組

旅藏39 自組

旅藏54 自賓間

自

旅藏31正 自組

旅藏34 自組

旅藏46 自小字

旅藏166 賓組

旅藏203 賓組

旅藏529 賓組

旅藏530 賓組

旅藏540 賓組

旅藏2071 黃組

旅藏2072 黃組

𠂤二*

旅藏119 賓組

卜辭用爲『次』。

師*

旅藏 2079 黃組

旅藏 2079 黃組

陰

[雇]

旅藏 576 賓組

旅藏 577 賓組

陟

旅藏 209 賓組

降

旅藏 361 正 賓組

旅藏 707 賓組

旅藏 1822 無名組

旅藏 1867 歷二

防

旅藏 155 賓組

旅藏 522 賓組

卜辭或用『防』爲『衛』。

四

旅藏 32 𠂤組

旅藏 59 𠂤賓間

旅藏 66 賓一

旅藏 185 賓組

旅藏 186 賓組

旅藏 223 正 賓組

旅藏 408 臼 賓組

旅藏 577 賓組

旅藏 859 賓組

旅藏 923 賓組

旅藏 1031 正 賓組

旅藏 1064 賓組

旅藏1409 出組

旅藏2049 黃組

旅藏2066 黃組

旅藏2199 黃組

宁

旅藏258 賓組

旅藏1769 何組

旅藏1773 何組

旅藏1805 何組

亞

旅藏251 賓組

旅藏252 賓組

旅藏253 賓組

旅藏254 賓組

旅藏527 賓組

五

旅藏226 賓組

旅藏263 賓組

旅藏356 賓組

旅藏419 賓組

旅藏581 賓組

旅藏633臼 賓組

旅藏720 賓組

旅藏805 賓組

旅藏957 賓組

旅藏1151 賓組

旅藏1360 出組

旅藏1614 出組

旅藏1872 歷組

旅藏1957 黃組

旅藏2081 黃組

旅藏1695 出組 橫置

六

旅藏 1719 出組 橫置

旅藏 2049 黃組 橫置

旅藏 1858 習刻

旅藏 57 自賓間

旅藏 113 賓組

旅藏 127 賓組

旅藏 364 反 賓組

旅藏 535 賓組

旅藏 535 賓組

旅藏 715 賓組

旅藏 770 正 賓組

旅藏 797 賓組

旅藏 849 賓組

旅藏 999 正 賓組

旅藏 1508 出組

旅藏 1608 出組

旅藏 1350 出組 橫置

七

旅藏 107 臼 賓組

旅藏 131 賓組

旅藏 280 反 賓組

旅藏 662 賓組

旅藏 706 賓組

旅藏 770 正 賓組

旅藏 925 賓組

旅藏 1044 賓組

旅藏 1140 賓組

旅藏 1164 賓組

旅藏 1604 出組

九

旅藏 32 自組
旅藏 339 賓組 
旅藏 411 賓組 
旅藏 724 賓組 

旅藏 725 賓組
旅藏 726 賓組 
旅藏 727 賓組 
旅藏 839 賓組 

旅藏 1373 出組
旅藏 1441 出組 
旅藏 1617 出組 
旅藏 1642 出組 

旅藏 1642 出組
旅藏 1908 歷組 
旅藏 2012 黃組 
旅藏 2087 黃組 

旅藏 2088 黃組
旅藏 2089 黃組 

禽 [[illegible]]

旅藏 330 賓組
旅藏 331 賓組 
旅藏 411 賓組 
旅藏 1968 黃組 

旅藏 1970 黃組

卓*

旅藏 202 正 賓組
旅藏 227 正 賓組 
旅綴 16 賓組 
旅藏 229 賓組

萬

旅藏232正 賓組

旅藏233正 賓組

旅藏468反 賓組

旅藏1370 出組

旅藏165 賓組

獸

旅藏300 賓組

旅藏304 賓組

甲

旅藏7 子組

旅藏14 自組

旅藏54 自賓間

旅藏92 賓組

旅藏443 賓組

旅藏513 賓組

旅藏756 賓組

旅藏1053 賓組

旅藏1270 賓組

旅藏1329 賓出

旅藏1397 出組

旅藏1455 出組

旅藏1780 何組

旅藏1813 何組

旅藏1882 歷組

旅藏1938 黃組

旅藏2084 黃組

旅藏2158 黃組

旅藏950正 賓組

旅藏2200 黃組

乙

- 旅藏 2 午組
- 旅藏 6 花東子組 
- 旅藏 7 子組
- 旅藏 15 自組 
- 旅藏 17 自組
- 旅藏 18 自組 
- 旅藏 66 賓一 
- 旅藏 107 賓組 
- 旅藏 405 正 賓組 
- 旅藏 621 賓組
- 旅藏 1176 賓組 
- 旅藏 1329 賓出 
- 旅藏 1339 出組
- 旅藏 1393 出組 
- 旅藏 1417 出組 
- 旅藏 1524 出組 
- 旅藏 1660 出組 
- 旅藏 1721 出組 
- 旅藏 1842 無名組 
- 旅藏 1866 歷一 
- 旅藏 1878 歷組 
- 旅藏 1883 歷組 
- 旅藏 1891 歷組 
- 旅藏 1949 黃組 
- 旅藏 2036 黃組 
- 旅藏 2150 黃組

丙

- 旅藏 15 自組
- 旅藏 20 自組 
- 旅藏 57 自賓間 
- 旅藏 71 賓一

昺

旅藏 123 正 賓組

旅藏 235 賓組

旅藏 251 賓組

旅藏 511 賓組

旅藏 651 賓組

旅藏 731 反 賓組

旅藏 759 賓組

旅藏 957 賓組

旅藏 1033 賓組

旅藏 1164 賓組

旅藏 1341 出組

旅藏 1342 出組

旅藏 1401 出組

旅藏 1635 出組

旅藏 1656 出組

旅藏 1701 出組

旅藏 1745 事何

旅藏 1821 何組 習刻

旅藏 1893 歷組

旅藏 1937 黄組

旅藏 2203 黄組

旅藏 2204 黄組

旅藏 2208 黄組

旅綴 76 黄組

旅綴 77 黄組

旅藏 1495 出組

丁

- 旅藏 1 圓體
- 旅藏 4 午組
- 旅藏 7 子組 
- 旅藏 10 子組 
- 旅藏 23 自組 
- 旅藏 24 自組 
- 旅藏 32 自組
- 旅藏 36 自組 
- 旅藏 53 自賓間
- 旅藏 66 賓一
- 旅藏 115 賓組 
- 旅藏 363 賓組
- 旅藏 409 反 賓組 
- 旅藏 508 賓組
- 旅藏 1121 賓組
- 旅藏 1324 賓出
- 旅藏 1335 出組 
- 旅藏 1388 出組 
- 旅藏 1708 出組
- 旅藏 1768 何組 
- 旅藏 1777 何組
- 旅藏 1822 無名組
- 旅藏 1883 歷組
- 旅藏 1893 歷組 
- 旅藏 1949 黃組 
- 旅藏 1971 黃組
- 旅藏 2020 黃組

戊

- 旅藏 1 圓體
- 旅藏 5 午組 
- 旅藏 10 子組 
- 旅藏 31 正 自組

成

旅藏 34 自組

旅藏 104 賓組

旅藏 240 賓組

旅藏 536 賓組

旅藏 700 賓組

旅藏 1051 賓組

旅藏 1136 賓組

旅藏 1384 出組

旅藏 1423 出組

旅藏 1426 出組

旅藏 1432 出組

旅藏 1651 出組

旅藏 1817 何組

旅藏 1820 何組

旅藏 1820 何組

旅藏 1825 無名組

旅藏 1827 無名組

旅藏 1879 歷組

旅藏 1901 歷組

旅藏 1949 黃組

旅藏 1949 黃組

旅藏 1953 黃組

旅藏 2007 黃組

旅藏 2208 黃組

旅藏 89 賓組

旅藏 90 賓組

旅藏 91 賓組

旅綴 55 賓組

己

旅藏 10 子組

旅藏 16 自組

旅藏 30 自組

旅藏 81 賓組

庚

旅藏 104 賓組	 旅藏 403 賓組	 旅藏 648 正 賓組	 旅藏 1043 賓組
 旅藏 1390 出組	 旅藏 1428 出組	 旅藏 1629 出組	 旅藏 1755 何組
 旅藏 1758 何組	 旅藏 1805 何組	 旅藏 1823 無名組	 旅藏 1876 歷組
 旅藏 1949 黄組	 旅藏 2146 黄組	 旅藏 2161 黄組	 旅藏 2208 黄組
 旅藏 46 自小字	 旅藏 69 賓一	 旅藏 81 賓組	 旅藏 104 賓組
 旅藏 298 賓組	 旅藏 509 賓組	 旅藏 761 賓組	 旅藏 1027 賓組
 旅藏 1323 賓出	 旅藏 1351 出組	 旅藏 1364 出組	 旅藏 1637 出組
 旅藏 1681 出組	 旅藏 1820 何組	 旅藏 1823 無名組	 旅藏 1834 無名組

辛

旅藏 1867 歷二	旅藏 1882 歷組	旅藏 1949 黄組	旅藏 1954 正 黄組
旅藏 2071 黄組	旅藏 2155 黄組	旅藏 2205 黄組	旅藏 2210 黄組 習刻
旅藏 69 賓一	旅藏 72 賓一	旅藏 85 賓組	旅藏 110 賓組
旅藏 592 賓組	旅藏 979 賓組	旅藏 1029 賓組	旅藏 1143 賓組
旅藏 1348 出組	旅藏 1747 事何	旅藏 1819 何組	旅藏 1847 無名組
旅藏 1850 無名組	旅藏 1873 歷組	旅藏 1879 歷組	旅藏 1887 歷組
旅藏 1949 黄組	旅藏 1978 黄組	旅藏 2206 黄組	旅藏 258 賓組
旅藏 7 子組	旅藏 1377 出組	旅藏 1402 出組	旅藏 1688 正 出組

旅藏 1770 何組
旅藏 1902 歷組 
旅藏 1977 黄組 
旅藏 2071 黄組 

［薛⿰白亏］
辥

旅藏 336 賓組
旅藏 336 賓組 
旅藏 445 賓組 

壬

旅藏 29 自組
旅藏 49 自小字 
旅藏 55 自賓間 
旅藏 82 賓組 

旅藏 167 賓組
旅藏 286 賓組 
旅藏 575 賓組 
旅藏 689 賓組 

旅藏 1050 賓組
旅藏 1338 出組 
旅藏 1435 出組 
旅藏 1652 出組 

旅藏 1799 何組
旅藏 1814 何組 
旅藏 1827 無名組 
旅藏 1848 無名組 

旅藏 1949 黄組
旅藏 2148 黄組 
旅藏 2207 黄組 

癸

旅藏 2 午組
旅藏 7 子組 
旅藏 28 自組 
旅藏 50 自小字

子

旅藏 51 自小字	 旅藏 62 賓一	 旅藏 104 賓組	 旅藏 334 賓組
 旅藏 500 反 賓組	 旅藏 699 賓組	 旅藏 744 賓組	 旅藏 991 賓組
 旅藏 1017 賓組	 旅藏 1334 出組	 旅藏 1424 出組	 旅藏 1618 出組
 旅藏 1749 事何	 旅藏 1753 事何	 旅藏 1777 何組	 旅藏 1785 何組
 旅藏 1793 何組	 旅藏 1852 無名組	 旅藏 1853 無名組	 旅藏 1866 歷一
 旅藏 1871 歷二	 旅藏 1897 歷組	 旅藏 1918 黄組	 旅藏 1948 黄組
 旅藏 2051 黄組	 旅藏 2087 黄組	 旅藏 2136 黄組	 旅藏 2206 黄組
 旅藏 20 自組	 旅藏 22 自組	 旅藏 31 正 自組	 旅藏 51 自小字

旅藏 57 自賓間	 旅藏 71 賓一	 旅藏 123 正 賓組	 旅藏 523 賓組
 旅藏 756 賓組	 旅藏 1024 賓組	 旅藏 1325 賓出	 旅藏 1350 出組
 旅綴 64 出組	 旅藏 1882 歷組	 旅藏 1901 歷組	 旅藏 1932 黃組
 旅藏 1960 黃組	 旅藏 1973 黃組	 旅藏 2096 黃組	 旅綴 71 黃組
 旅藏 2141 黃組	 旅藏 2167 黃組	 旅藏 2191 黃組	 旅藏 2201 黃組
 旅藏 6 花東子組	 旅藏 7 子組	 旅藏 8 子組	 旅藏 12 子組
 旅藏 17 自組	 旅藏 18 自組	 旅藏 26 自組	 旅藏 44 自組
 旅藏 202 正 賓組	 旅藏 210 賓組	 旅藏 1417 出組	 旅藏 1701 出組

季

- 旅藏1332 出組
- 旅藏1490 出組 

孽

- 旅藏1180 賓組

疑

- 旅藏1419 出組
- 旅藏1650 出組 
- 旅藏1703 出組 

育 ［毓］

- 旅藏205 賓組

羅振玉釋育，可備一説。

丑

- 旅藏6 花東子組
- 旅藏17 自組 
- 旅藏18 自組 
- 旅藏71 賓一 
- 旅藏74 賓一 
- 旅藏126 賓組 
- 旅藏291反 賓組 
- 旅藏403 賓組 
- 旅藏651 賓組 
- 旅藏1028 賓組 
- 旅藏1335 出組 
- 旅藏1356 出組 
- 旅藏1419 出組 
- 旅藏1609 出組 
- 旅藏1618 出組 
- 旅藏1758 何組

寅

旅藏1785 何組
旅藏1871 歷二
旅藏1881 歷組
旅藏1948 黃組

旅藏1975 黃組
旅藏2104 黃組
旅綴76 黃組

旅藏1153 賓組
旅藏1 圓體
旅藏16 𠂤組
旅藏52 𠂤小字

旅藏606 賓組
旅藏977 賓組
旅藏1008 賓組
旅藏1357 出組

旅藏1429 出組
旅藏1704 出組
旅藏1821 何組
旅綴76 黃組

旅藏2163 黃組
旅藏2203 黃組
旅藏2201 黃組
旅藏1949 黃組

旅藏1949 黃組
旅藏2021 黃組
旅藏2090 黃組
旅藏2199 黃組

卯

旅藏1 圓體
旅藏32 𠂤組
旅藏63 賓一
旅藏64 賓一

辰

旅藏 177 賓組	 旅藏 198 反 賓組	 旅藏 418 正 賓組	 旅藏 503 賓組
 旅藏 640 賓組	 旅藏 720 賓組	 旅藏 722 賓組	 旅藏 1086 賓組
 旅藏 1366 出組	 旅藏 1567 出組	 旅藏 1708 出組	 旅藏 1751 事何
 旅藏 1755 何組	 旅藏 1838 無名組	 旅藏 1853 無名組	 旅藏 1863 歷無
 旅藏 1883 歷組	 旅藏 1902 歷組	 旅藏 1942 黃組	 旅藏 2036 黃組
 旅藏 2201 黃組	 旅藏 2209 黃組		
 旅藏 5 午組	 旅藏 43 自組	 旅藏 49 自小字	 旅藏 59 自賓間
 旅藏 192 正 賓組	 旅藏 202 正 賓組	 旅藏 269 賓組	 旅藏 418 正 賓組

巳

旅藏 536 賓組

旅藏 760 賓組

旅藏 1033 賓組

旅藏 1366 出組

旅藏 1406 出組

旅藏 1635 出組

旅藏 1817 何組

旅藏 1867 歷二

旅藏 1879 歷組

旅藏 1913 黄組

旅藏 1925 黄組

旅藏 1949 黄組

旅藏 1949 黄組

旅藏 1978 黄組

旅藏 2003 黄組

旅藏 2019 黄組

旅綴 74 黄組

旅藏 2071 黄組

旅藏 2084 黄組

旅藏 2154 黄組

旅藏 2155 黄組

旅藏 2190 黄組

旅藏 2195 黄組

旅藏 2205 黄組

旅藏 2208 黄組

旅綴 77 黄組

旅藏 3 午組

旅藏 7 子組

旅藏 10 子組

旅藏 23 自組

［以］

㠯

旅藏24 自組

旅藏66 賓一

旅藏68 賓一

旅藏100反 賓組

旅藏639 賓組

旅藏740 賓組

旅綴46 賓組

旅藏1121 賓組

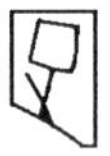

旅藏1143 賓組

旅藏1387 出組

旅藏1563 出組

旅藏1587 出組

旅藏1777 何組

旅藏1797 何組

旅藏1819 何組

旅藏1842 無名組

旅藏1850 無名組

旅藏1852 無名組

旅藏1878 歷組

旅藏1891 歷組

旅藏1897 歷組

旅藏1949 黄組

旅藏1978 黄組

旅藏2072 黄組

旅藏2152 黄組

旅藏2193正 黄組

旅藏1824 無名組

旅藏155 賓組

旅藏184 賓組

旅藏185 賓組

旅藏186 賓組

午

旅藏229 賓組	旅藏296 賓組	旅藏1971 黃組	旅藏10 子組	旅藏1820 何組	旅藏1949 黃組	旅藏55 自賓間	旅藏444 賓組
旅藏251 賓組	旅藏659 賓組	旅藏2071 黃組	旅藏19 自組	旅藏1829 無名組	旅藏1952 黃組	旅藏95 賓組	旅藏957 賓組
旅藏253 賓組	旅藏1010 賓組		旅藏34 自組	旅藏1834 無名組	旅藏1956 黃組	旅藏104 賓組	旅藏1278 賓組
旅藏295 賓組	旅藏1095反 賓組		旅藏46 自小字	旅藏1929 黃組	旅藏2208 黃組	旅藏179 賓組	旅藏1373 出組

未

旅藏 1385 出組
旅藏 1717 出組
旅藏 1789 何組
旅藏 1803 何組
旅藏 15 自組
旅藏 36 自組
旅藏 51 自小字
旅藏 95 賓組
旅藏 227 反 賓組
旅藏 394 賓組
旅藏 418 正 賓組
旅藏 726 賓組
旅藏 1089 賓組
旅藏 1339 出組
旅藏 1377 出組
旅藏 1613 出組
旅藏 1747 事何
旅藏 1778 何組
旅藏 1785 何組
旅藏 1795 何組
旅藏 1876 歷組
旅藏 1903 歷組
旅藏 1949 黄組
旅藏 1978 黄組
旅藏 2079 黄組
旅藏 2080 黄組
旅藏 2100 黄組
旅藏 2115 黄組
旅藏 2208 黄組

申

旅藏 13 自組	 旅藏 21 自組	 旅藏 54 自賓間	 旅藏 62 賓一
 旅藏 81 賓組	 旅藏 185 賓組	 旅藏 202 臼 賓組	 旅藏 349 賓組
 旅藏 534 正 賓組	 旅藏 651 賓組	 旅藏 755 賓組	 旅藏 1170 賓組
 旅藏 1331 賓出	 旅藏 1338 出組	 旅藏 1341 出組	 旅藏 1423 出組
 旅藏 1441 出組	 旅藏 1656 出組	 旅藏 1812 何組	 旅藏 1820 何組
 旅藏 1879 歷組	 旅藏 1882 歷組	 旅藏 1921 黃組	 旅藏 1934 黃組
 旅藏 1949 黃組	 旅藏 1954 正 黃組	 旅藏 1978 黃組	 旅藏 2003 黃組
 旅藏 2090 黃組	 旅藏 2198 黃組	 旅藏 2206 黃組	

酉

旅藏 2 午組	 旅藏 7 子組	 旅藏 30 自組	 旅藏 37 自組
 旅藏 50 自小字	 旅藏 53 自賓間	 旅藏 75 賓一	 旅藏 89 賓組
 旅藏 156 賓組	 旅藏 169 賓組	 旅藏 195 賓組	 旅藏 302 正 賓組
 旅藏 636 賓組	 旅藏 723 賓組	 旅藏 1343 出組	 旅藏 1382 出組
 旅藏 1615 出組	 旅藏 1620 出組	 旅藏 1723 出組	 旅藏 1750 事何
 旅藏 1768 何組	 旅藏 1777 何組	 旅藏 1793 何組	 旅藏 1794 何組
 旅藏 1819 何組	 旅藏 1820 何組	 旅藏 1896 歷組	 旅藏 1918 黃組
 旅藏 1949 黃組	 旅藏 1962 黃組	 旅藏 1972 黃組	 旅藏 2090 黃組

酉彡*

旅藏 2099 黃組
旅綴 90 黃組
旅藏 2131 黃組
旅藏 2166 黃組

旅藏 2206 黃組

旅藏 66 賓一
旅藏 217 賓組
旅藏 232 正 賓組
旅藏 251 賓組

旅藏 361 正 賓組
旅藏 403 賓組
旅藏 407 反 賓組
旅藏 413 賓組

旅藏 1343 出組
旅藏 1492 出組
旅藏 1503 出組
旅藏 1506 出組

旅藏 1882 歷組
旅藏 1883 歷組
旅藏 2090 黃組

尊

旅藏 431 反 賓組
旅藏 1484 出組
旅藏 1971 黃組

戌

旅藏 7 子組
旅藏 8 子組
旅藏 9 子組
旅藏 29 自組

旅藏80 賓組
旅藏123正 賓組 
旅藏285 賓組 
旅藏375 賓組 

旅藏443 賓組
旅藏950正 賓組 
旅藏1042 賓組 
旅藏1329 賓出 

旅藏1423 出組
旅藏1583 出組 
旅藏1652 出組 
旅藏1712 出組 

旅藏1713 出組
旅藏1745 事何 
旅藏1780 何組 
旅藏1799正 何組 

旅藏1935 黃組
旅藏1937 黃組 
旅藏1940 黃組 
旅藏2090 黃組 

⿰奚戌*

旅藏503 賓組

⿰橐戌*

旅藏1222 賓組

亥

旅藏7 子組
旅藏66 賓一 
旅藏115 賓組 
旅藏176 賓組

旅藏280反 賓組	 旅藏387 自賓間	 旅藏436 賓組	 旅藏500 賓組
 旅藏592 賓組	 旅藏605 賓組	 旅藏669 賓組	 旅綴39 賓組
 旅藏1330 賓出	 旅藏1348 出組	 旅藏1379 出組	 旅藏1502 出組
 旅藏1609 出組	 旅藏1618 出組	 旅藏1749 事何	 旅藏1750 事何
 旅藏1770 何組	 旅藏1796 何組	 旅藏1805 何組	 旅藏1835 無名組
 旅藏1840 無名組	 旅藏1851 無名組	 旅藏1866 歷一	 旅藏1871 歷二
 旅藏1888 歷組	 旅藏1892 歷組	 旅藏1898正 歷組	 旅藏1946 黃組
 旅藏1949 黃組	 旅藏1949 黃組	 旅藏2026 黃組	 旅藏2134 黃組

旅藏2199
黄組

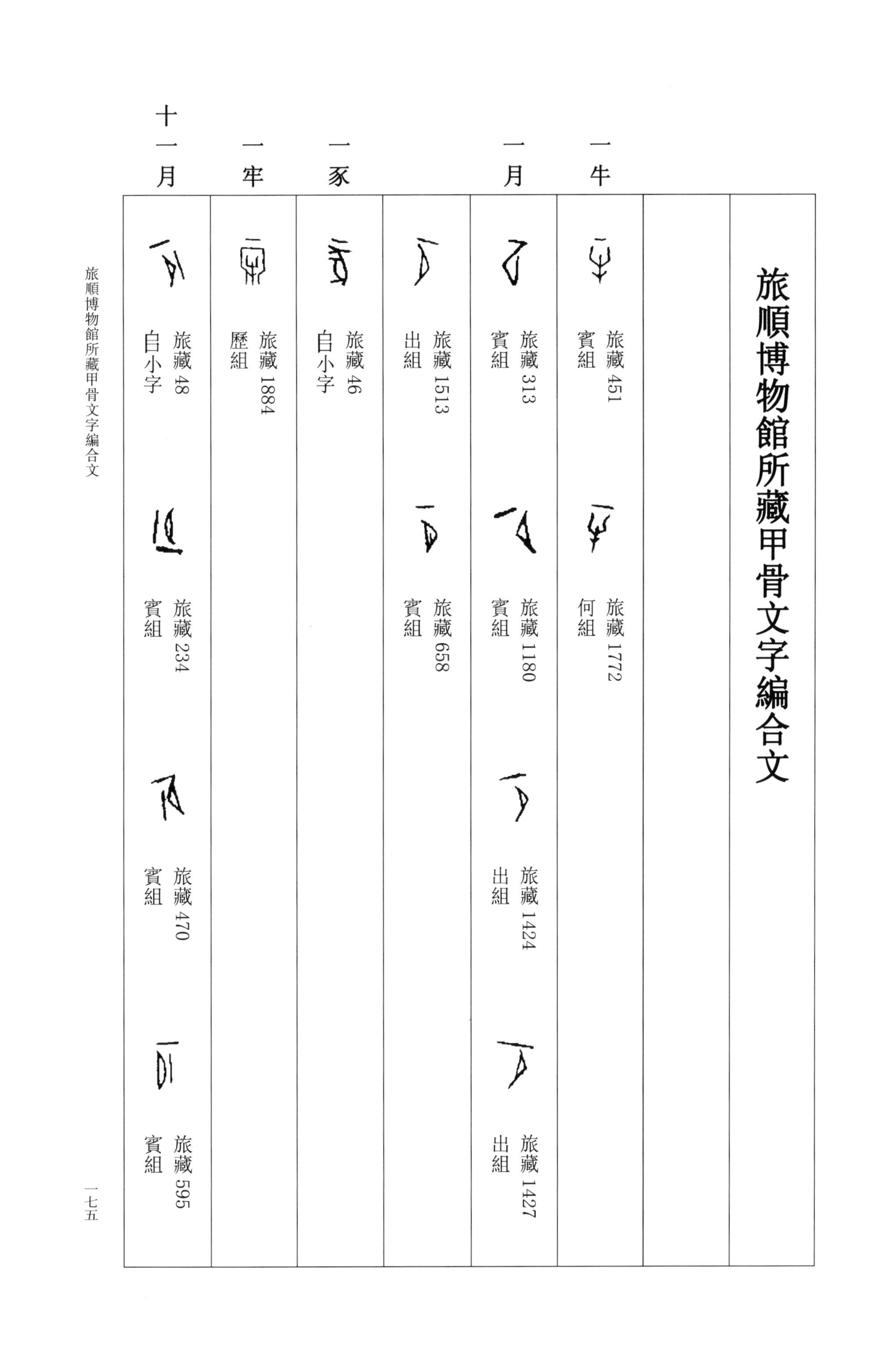

旅順博物館所藏甲骨文字編合文

一牛

旅藏 451 賓組

旅藏 1772 何組

一月

旅藏 313 賓組

旅藏 1180 賓組

旅藏 1424 出組

旅藏 1427 出組

旅藏 1513 出組

旅藏 658 賓組

一豕

旅藏 46 自小字

一牢

旅藏 1884 歷組

十一月

旅藏 48 自小字

旅藏 234 賓組

旅藏 470 賓組

旅藏 595 賓組

旅藏 649 賓組
旅藏 728 賓組 
旅藏 1023 賓組 
旅藏 1609 出組 

十二月

旅藏 133 賓組
旅藏 205 賓組 
旅藏 395 賓組 
旅藏 483 賓組 

旅藏 627 賓組
旅藏 714 賓組 
旅藏 1050 賓組 
旅藏 1353 出組 

旅藏 1547 出組
旅藏 1564 出組 

匚丁

旅藏 1337 出組

七十

旅藏 557 臼 賓組

十三月

旅藏 147 賓組
旅藏 298 賓組 
旅藏 336 賓組 
旅藏 336 賓組 

旅藏 336 賓組
旅藏 411 賓組
旅藏 1618 出組 
旅藏 1618 出組

二月

旅藏 36 自組

旅藏 381 賓組

旅藏 950 正 賓組

旅藏 1082 賓組

旅藏 1476 出組

旅藏 1507 出組

十月

旅藏 73 賓一

旅藏 710 賓組

旅藏 1580 出組

旅藏 1586 出組

旅藏 2090 黃組

七月

旅藏 90 賓組

旅藏 122 賓組

旅藏 262 賓組

旅藏 705 賓組

旅藏 1021 賓組

旅藏 1181 賓組

旅藏 1428 出組

旅藏 1645 出組

旅藏 185 賓組

旅藏 1784 何組

旅藏 1799 正 何組

八月

旅藏 123 正 賓組

旅藏 124 賓組

旅藏 585 賓組

旅藏 663 賓組

旅藏722 賓組
旅藏723 賓組 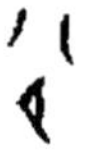
旅藏724 賓組 
旅藏1005 賓組 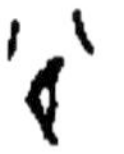

旅藏1416 出組
旅藏1418 出組 
旅藏1605 出組 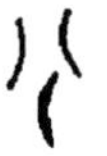
旅藏1606 出組 

旅藏1792 何組
旅藏2084 黃組 
旅藏2085 黃組 

九月

旅藏66 賓一
旅藏218 賓組 
旅藏433正 賓組 
旅藏629 賓組 

旅藏708 賓組
旅藏722 賓組 
旅藏725 賓組 
旅藏755 賓組 

旅藏1022 賓組
旅藏1350 出組
旅藏1546 出組 
旅藏1546 出組 

旅藏1642 出組
旅藏2034 黃組 

七百

旅藏235 賓組

二告

旅藏 57 自賓間

旅藏 65 賓一

旅藏 125 賓組

旅藏 448 正 賓組

旅藏 578 正 賓組

旅藏 797 賓組

旅藏 837 正 賓組

旅藏 1015 賓組

旅藏 1212 賓組

旅藏 1620 出組

旅藏 1620 何組

旅藏 1796 出組

二牢

旅藏 1885 歷組

旅藏 1511 出組

旅藏 1512 出組

十牢

旅綴 68 歷組

大乙

旅藏 1340 出組

旅藏 1865 歷一

小乙

旅藏 1352 出組

旅藏 1926 黃組

大丁

旅藏 1865 歷一

下上	旅藏 535 賓組	旅藏 557 正 賓組	旅藏 558 賓組	旅綴 27 賓組
三月	旅藏 80 賓組	旅藏 451 賓組	旅藏 632 賓組	旅藏 660 賓組
	旅藏 1203 賓組	旅藏 1539 出組	旅藏 1618 出組	旅藏 2080 黃組
三壬	旅藏 1337 出組			
大甲	旅藏 1918 黃組	旅藏 1919 黃組	旅藏 2092 黃組	
上甲	旅藏 13 自組	旅藏 80 賓組	旅藏 81 賓組	旅藏 82 賓組
	旅藏 83 正 賓組	旅藏 84 正 賓組	旅藏 85 賓組	旅藏 86 賓組
	旅藏 87 賓組	旅藏 1333 出組	旅藏 1334 出組	旅藏 1335 出組

旅藏 1872 歷組

旅藏 1913 黃組

旅藏 2090 黃組

小甲

旅藏 1920 黃組

旅藏 1921 黃組

旅藏 2090 黃組

大吉

旅藏 1809 何組

旅藏 1854 無名組

小臣

旅藏 256 反 賓組

旅藏 446 反 賓組

三告

旅藏 781 賓組

三牢

旅藏 1868 歷二

旅藏 1885 歷組

小告

旅藏 225 正 賓組

旅藏 346 賓組

旅藏 458 正 賓組

旅藏 461 正 賓組

旅藏 575 賓組

旅藏 772 正 賓組

旅藏 775 正 賓組

旅藏 780 賓組

字頭	出處
	旅藏 786 正 賓組；旅藏 852 賓組
小辛	 旅藏 1351 出組
小牢	 旅藏 104 賓組；旅藏 1265 賓組；旅藏 1508 出組；旅藏 1510 出組
	 旅藏 2062 黃組
小叡	 旅藏 186 臼 賓組；旅藏 202 臼 賓組；旅藏 288 臼 賓組；旅藏 289 反 賓組
	 旅藏 343 臼 賓組；旅藏 404 臼 賓組；旅藏 361 臼 賓組
父乙	 旅藏 99 正 賓組；旅藏 101 賓組；旅藏 370 賓組；旅藏 469 反 賓組
五十	 旅藏 1287 賓組

中丁

- 旅藏 1343 出組
- 旅藏 1344 正 出組 

父丁

- 旅藏 1354 出組
- 旅藏 1355 出組 
- 旅藏 1366 出組 

卌牛

- 旅藏 454 賓組

五月

- 旅藏 126 賓組
- 旅綴 27 賓組 
- 旅藏 1540 出組 
- 旅藏 1569 出組 
- 旅藏 1602 出組 
- 旅藏 1603 出組 
- 旅藏 1616 出組 
- 旅藏 1649 出組 
- 旅藏 704 賓組 
- 旅藏 1241 賓組 
- 旅藏 1614 出組 
- 旅藏 1807 何組 
- 旅藏 2082 黄組 
- 旅藏 1634 出組 

勿牛

- 旅藏 1836 無名組
- 旅藏 2052 黄組 
- 旅藏 2054 黄組 
- 旅藏 2055 黄組

旅藏2056 黃組

旅藏2058 黃組

旅藏2060 黃組

旅藏2061 黃組

旅藏2062 黃組

六牛

旅藏453 賓組

旅藏1839 無名組

六月

旅藏89 賓組

旅藏181正 賓組

旅藏257 賓組

旅藏1460 出組

旅藏1542 出組

旅藏1543 出組

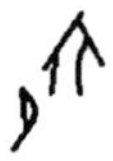

旅藏1544 出組

旅藏1608 出組

旅藏2083 黃組

五百

旅藏314反 賓組

五牢

旅藏455正 賓組

旅綴68 歷組

旅藏175反 賓組

旅綴55 賓組

	父庚	文武丁	且乙		且丁	且己	母己
旅藏93 賓組	旅藏103 賓組	旅藏1940 黃組	旅藏6 花東子組	旅藏1924 黃組	旅藏1925 黃組	旅藏1928 黃組	旅藏1368 出組
旅藏1509 出組			旅藏1346 出組		旅綴88 黃組		
			旅藏1347 出組				
			旅藏1923 黃組				

字頭	出處
示壬	旅藏1914 黃組
	旅藏1915 黃組
四月	旅藏703正 賓組
	旅藏753 賓組
	旅藏1178 賓組
	旅藏1491 出組
	旅藏1538 出組
	旅藏1598 出組
	旅藏1614 出組
	旅藏1619 出組
外壬	旅藏1770 何組
母壬	旅藏1371 出組
且丙	旅藏1929 黃組
且甲	旅藏1929 黃組
	旅藏1930 黃組
	旅藏1931 黃組
	旅藏1933 黃組
且辛	旅藏1348 出組

母辛	兄庚	示癸	羊牛		戎我	妣己	羌十
旅藏 1369 出組	旅藏 1356 出組	旅藏 1916 黃組	旅藏 1836 無名組	旅藏 2065 黃組	旅藏 564 賓組	旅藏 1 圓體	旅藏 1323 賓出
旅藏 1370 出組	旅藏 1357 出組		旅藏 1934 黃組	旅藏 2066 黃組			旅藏 1324 賓出
	旅藏 1358 出組		旅藏 2013 黃組	旅藏 2067 黃組			
			旅藏 2064 黃組	旅藏 2070 黃組			

妣戊

- 旅藏1947 黃組

妣甲

- 旅藏1945 黃組

妣辛

- 旅藏14 自組
- 旅綴22 賓組 
- 旅藏1824 無名組 
- 旅藏1946 黃組 

妣庚

- 旅藏1 圓體
- 旅藏108 賓組 
- 旅藏1364 出組 
- 旅藏1365 出組 
- 旅藏1366 出組 

伯絣

- 旅藏520 賓組

武乙

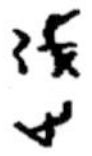

- 旅藏1938 黃組
- 旅藏1939 黃組 

武丁

- 旅藏1927 黃組
- 旅綴71 黃組 
- 旅綴77 黃組

合文	出處	組別
南庚	旅藏 1349	出組
毖甲	旅藏 1345	出組
	旅藏 1922	黄組
魯甲	旅藏 1350	出組
康且丁	旅藏 1933	黄組
	旅藏 1934	黄組
黄牛	旅藏 2036	黄組
黄尹	旅藏 498	賓組
戠牛	旅藏 1771	何組

旅順博物館所藏甲骨文字編附録

編號	出處	組類	備注
0001	旅藏1166	賓組	
0002	旅藏2177	黄組	新見貞人名
0003	旅藏276反	賓組	新見字
0004	旅綴13	賓組	
0005	旅藏185	賓組	
	旅藏1754	何組	
	旅藏1756	何組	
0006	旅藏186	賓組	
	旅藏1745	事何	

0014	0013	0012	0011	0010	0009	0008	0007
旅藏 595 賓組	旅藏 135 反 賓組	旅藏 2071 黃組	旅藏 408 臼 賓組	旅藏 1704 出組	旅藏 446 正 賓組	旅藏 209 賓組	旅藏 245 賓組
旅藏 654 賓組	旅藏 148 賓組	旅藏 2071 黃組		旅藏 1704 出組			旅藏 257 賓組
旅藏 654 賓組	旅藏 174 賓組						旅藏 485 賓組
旅藏 692 賓組	旅藏 343 正 賓組						旅綴 53 賓組

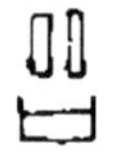

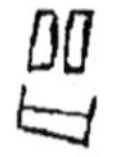

		旅藏 996 賓組
0015		旅藏 1092 賓組
0016		旅藏 1285 賓組 新見字
0017		旅藏 1338 出組
0018		旅藏 1822 無名組
0019		旅藏 1867 歷二
0020		旅藏 348 賓組
0021		旅藏 57 自賓間
		旅藏 57 自賓間
		旅藏 58 自賓間

0022

旅藏 1278
賓組　新見字

0023

旅藏 1299 正
賓組　新見字

0024

旅藏 1856 反
組類不明

『』，新見字，疑『麓』之或體

0025

旅藏 317
賓組

0026

旅藏 1292
賓組

0027

旅藏 999 正
賓組

0028

旅藏 274 正
賓組

旅綴 20
賓組

該字形近出甲骨字書失收。《甲骨文校釋總集》誤釋爲『宜（）』。

0029

旅藏 418 反
賓組

0030		旅綴 14	賓組
0031		旅藏 445	賓組
0032		旅藏 1864	歷無　新見字
0033		旅藏 121	賓組
0034		旅綴 17	賓組
0035		旅藏 2079	黄組
0036		旅藏 1297	賓組　新見字
0037		旅綴 5	賓組

0038	0039	0040	0041	0042	0043	0044	0045
旅藏 38 自組　新見字	旅藏 383 反 賓組　新見字	旅藏 19 自組	旅藏 1353 出組	旅藏 1225 賓組	旅藏 1305 賓組	旅藏 288 臼 賓組	旅藏 1189 賓組

編號	出處
0046	旅藏 1417 出組 新見字
0047	旅藏 1858 習刻
0048	旅藏 1858 習刻
0049	旅藏 1858 習刻
0050	旅綴 11 賓組
0051	旅綴 50 賓組

旅順博物館所藏甲骨綴合集索引表

綴合號碼					綴合者	序列號
旅藏 56	旅藏 1067				劉影	本書第 1 則
旅藏 90	合集 11667 正				林宏明	本書第 3 則
旅藏 102	旅藏 166	合集 4904			林宏明	本書第 4 則
旅藏 120	旅藏 402				李延彦	本書第 5 則
旅藏 122	旅藏 139				劉影	本書第 6 則
旅藏 122	旅藏 139	合集 14894			林宏明	本書第 7 則
旅藏 135	瑞典 15				林宏明	本書第 8 則
旅藏 139	旅藏 122				劉影	本書第 6 則

旅藏 139	旅藏 122	合集 14894			林宏明	本書第 7 則
旅藏 160	旅藏 1182				劉影	本書第 9 則
旅藏 166	旅藏 102	合集 4904			林宏明	本書第 4 則
旅藏 166	合集 4904				吳麗婉	本書第 10 則
旅藏 175	旅藏 1184				蔣玉斌	本書第 11 則
旅藏 175	旅藏 1184	善齋 7.20A.3			蔣玉斌	本書第 12 則
旅藏 180	合集 2682	史購 148			李愛輝	本書第 13 則
旅藏 193 正	合集 5454	綴集 17			蔡哲茂	本書第 14 則
旅藏 219	合補 1889				林宏明	本書第 15 則
旅藏 228	旅藏 230				林宏明	本書第 16 則

旅藏 230	旅藏 228				林宏明	本書第 16 則
旅藏 241	合集 8282				李愛輝	本書第 17 則
旅藏 271	旅藏 383				李愛輝	本書第 18 則
旅藏 273	旅藏 380				林宏明	本書第 19 則
旅藏 274	安明 0897				孫亞冰	本書第 20 則
旅藏 306	旅藏 506				李愛輝	本書第 21 則
旅藏 342	合集 2490				林宏明	本書第 22 則
旅藏 344	旅藏 554	旅藏 565	旅藏 996	旅藏 907	李愛輝	本書第 29 則
旅藏 380	旅藏 273				林宏明	本書第 19 則
旅藏 383	旅藏 271				李愛輝	本書第 18 則

旅藏 402	旅藏 120				李延彥	本書第 5 則
旅藏 406	合補 919				林宏明	本書第 23 則
旅藏 434	旅藏 787				李愛輝	本書第 24 則
旅藏 456	合集 414				林宏明	本書第 25 則
旅藏 487	合補 4707				張宇衛	本書第 26 則
旅藏 506	旅藏 306				李愛輝	本書第 21 則
旅藏 538	旅藏 897	合補 731	合補 1842	合補 6139	張宇衛	本書第 2 則
旅藏 548	英藏 553				張宇衛	本書第 27 則
旅藏 554	旅藏 565	旅藏 996			劉影	本書第 28 則
旅藏 554	旅藏 565	旅藏 996	旅藏 344	旅藏 907	李愛輝	本書第 29 則

旅藏 555 正	殷遺 96				吳麗婉	本書第 30 則
旅藏 556	旅藏 1065				劉影	本書第 31 則
旅藏 565	旅藏 554	旅藏 996			劉影	本書第 28 則
旅藏 565	旅藏 554	旅藏 996	旅藏 344	旅藏 907	李愛輝	本書第 29 則
旅藏 583	合補 9428				宋雅萍	本書第 83 則
旅藏 596	旅藏 618				門藝	本書第 32 則
旅藏 613	旅藏 763				宋雅萍	本書第 33 則
旅藏 613	旅藏 763	旅藏 1628			宋雅萍	本書第 34 則
旅藏 616	輯佚 213				宋雅萍	本書第 35 則
旅藏 618	旅藏 596				門藝	本書第 32 則

旅藏 625	合集 9446	北珍 1452			林宏明	本書第 36 則
旅藏 672	合集 5111				張宇衛	本書第 37 則
旅藏 694	旅藏 1082				林宏明	本書第 38 則
旅藏 705	合補 925				張宇衛	本書第 39 則
旅藏 722	合集 16697				張軍濤	本書第 84 則
旅藏 733	旅藏 735				李延彥	本書第 40 則
旅藏 733	旅藏 735	合補 1480			林宏明	本書第 41 則
旅藏 734	旅藏 1291				李愛輝	本書第 85 則
旅藏 735	旅藏 733				李延彥	本書第 40 則
旅藏 735	旅藏 733	合補 1480			林宏明	本書第 41 則

旅藏 737	旅藏 738				蔡哲茂	本書第 42 則
旅藏 738	旅藏 737				蔡哲茂	本書第 42 則
旅藏 750	旅藏 1283				蔣玉斌	本書第 43 則
旅藏 753	合集 29719				宋雅萍	本書第 44 則
旅藏 753	合集 29719	合集 31626			張淑月	本書第 45 則
旅藏 753	合集 29719	合集 31626	合集 31623	合補 8814	張軍濤	本書第 46 則
旅藏 763	旅藏 613				宋雅萍	本書第 33 則
旅藏 763	旅藏 613	旅藏 1628			宋雅萍	本書第 34 則
旅藏 786	旅藏 917				蔣玉斌	本書第 47 則
旅藏 786	旅藏 917	旅藏 883			李愛輝	本書第 48 則

旅藏 787	旅藏 434				李愛輝	本書第 24 則
旅藏 883	旅藏 786	旅藏 917			李愛輝	本書第 48 則
旅藏 897	旅藏 538	合補 731	合補 1842	合補 6139	張宇衛	本書第 2 則
旅藏 907	旅藏 554	旅藏 565	旅藏 996	旅藏 344	李愛輝	本書第 29 則
旅藏 917	旅藏 786				蔣玉斌	本書第 47 則
旅藏 917	旅藏 786	旅藏 883			李愛輝	本書第 48 則
旅藏 940	旅藏 956				李愛輝	本書第 49 則
旅藏 952	合集 9584				李愛輝	本書第 50 則
旅藏 956	旅藏 940				李愛輝	本書第 49 則
旅藏 959	合集 16938 正				林宏明	本書第 51 則

旅藏 965	旅藏 1030				李愛輝	本書第 52 則
旅藏 996	旅藏 554	旅藏 565			劉影	本書第 28 則
旅藏 996	旅藏 554	旅藏 565	旅藏 344	旅藏 907	李愛輝	本書第 29 則
旅藏 1019	合集 266	合集 19285	合集 489		蔣玉斌	本書第 53 則
旅藏 1030	旅藏 965				李愛輝	本書第 52 則
旅藏 1036	懷特 323				展翔	本書第 86 則
旅藏 1065	旅藏 556				劉影	本書第 31 則
旅藏 1067	旅藏 56				劉影	本書第 1 則
旅藏 1081	合集 5078				宋雅萍	本書第 87 則
旅藏 1082	旅藏 694				林宏明	本書第 38 則

旅藏 1090	旅藏 1107				宋雅萍	本書第 54 則
旅藏 1107	旅藏 1090				宋雅萍	本書第 54 則
旅藏 1140	合集 39557				林宏明	本書第 55 則
旅藏 1182	旅藏 160				劉影	本書第 9 則
旅藏 1184	旅藏 175				蔣玉斌	本書第 11 則
旅藏 1184	旅藏 175	善齋 7.20A.3			蔣玉斌	本書第 12 則
旅藏 1193	旅藏 1359				李愛輝	本書第 56 則
旅藏 1276	旅藏 1289				林宏明	本書第 57 則
旅藏 1283	旅藏 750				蔣玉斌	本書第 43 則
旅藏 1289	旅藏 1276				林宏明	本書第 57 則

旅藏 1291	旅藏 734				李愛輝	本書第 85 則
旅藏 1359	旅藏 1193				李愛輝	本書第 56 則
旅藏 1377	合補 8364				莫伯峰	本書第 58 則
旅藏 1380	合集 23867				莫伯峰	本書第 59 則
旅藏 1380	合集 23867	旅藏 1400			林宏明	本書第 60 則
旅藏 1380	合集 23867	旅藏 1400	旅藏 1381		李延彥	本書第 61 則
旅藏 1381	旅藏 1380	合集 23867	旅藏 1400		李延彥	本書第 61 則
旅藏 1400	旅藏 1380	合集 23867			林宏明	本書第 60 則
旅藏 1400	旅藏 1380	合集 23867	旅藏 1381		李延彥	本書第 61 則
旅藏 1482	合集 28588				林宏明	本書第 62 則

旅藏 1526	旅藏 1527				林宏明	本書第 63 則
旅藏 1527	旅藏 1526				林宏明	本書第 63 則
旅藏 1532	契合 193				林宏明	本書第 64 則
旅藏 1566	旅藏 1843				莫伯峰	本書第 65 則
旅藏 1619	合集 26653				莫伯峰	本書第 66 則
旅藏 1628	旅藏 613	旅藏 763			宋雅萍	本書第 34 則
旅藏 1666	旅藏 1703				宋雅萍	本書第 67 則
旅藏 1703	旅藏 1666				宋雅萍	本書第 67 則
旅藏 1843	旅藏 1566				莫伯峰	本書第 65 則
旅藏 1894	合補 10544				李愛輝	本書第 68 則

旅藏 1924	旅藏 1941				林宏明	本書第 69 則
旅藏 1925	旅藏 2035				趙鵬	本書第 70 則
旅藏 1927	合集 35826				門藝	本書第 71 則
旅藏 1932	旅藏 1945				林宏明	本書第 72 則
旅藏 1937	北圖 8492				展翔	本書第 88 則
旅藏 1941	旅藏 1924				林宏明	本書第 69 則
旅藏 1945	旅藏 1932				林宏明	本書第 72 則
旅藏 1958	合集 36685				林宏明	本書第 73 則
旅藏 1960	合集 37800	合集 33520			林宏明	本書第 74 則
旅藏 1970	上博 2426.812				林宏明	本書第 75 則

旅藏 2003	合集 38086				宋雅萍	本書第 76 則
旅藏 2013	合集 35843				林宏明	本書第 77 則
旅藏 2035	旅藏 1925				趙鵬	本書第 70 則
旅藏 2042	北圖 8422				展翔	本書第 89 則
旅藏 2097	旅藏 2132				林宏明	本書第 78 則
旅藏 2113	旅藏 2117				林宏明	本書第 90 則
旅藏 2117	旅藏 2113				林宏明	本書第 90 則
旅藏 2122	合集 39133	合集 39104			張軍濤	本書第 91 則
旅藏 2123	合集 39198	合補 12890			張宇衛	本書第 79 則
旅藏 2132	旅藏 2097				林宏明	本書第 78 則

旅藏2143	旅藏2188				林宏明	本書第80則
旅藏2188	旅藏2143				林宏明	本書第80則
旅藏2203	合集38108				林宏明	本書第81則
旅藏僞5	旅藏僞6				莫伯峰	本書第82則
旅藏僞6	旅藏僞5				莫伯峰	本書第82則

筆畫檢字表

一畫

二畫

三畫

四畫
一 1	二 139	三 5	夕 84	丰 77	少 11
乙 152	十 30	于 62	凡 141	王 6	中 7
	丁 154	亏 62	亡 133	元 2	曰 61
	丂 62	工 60	之 75	井 66	日 81
	匚 135	土 141	己 155	夫 115	牛 13
	七 149	才 74	巳 164	云 121	午 166
	卜 40	下 2	子 159	廿 31	壬 96
	八 11	卅 32	刃 56	木 88	壬 158
	入 68	大 113		五 148	升 146
	人 93	上 2		卅 31	穴 12
	匕 95	小 11		不 125	父 34
	几 145	口 16		犬 110	从 95
	九 150	卬 103		厷 34	今 67
	卩 102	千 30		友 37	月 83
	刀 55	毛 77		屯 7	疒 105
	又 33	彡 101		止 19	勿 105
		及 35		比 96	文 101
					六 149
					方 98
					尹 35
					爿 86

七畫

八畫

九畫

十畫

十一畫

十二畫

十三畫

十四畫

十五畫

廿四畫

豔 32

（合文）

四畫

五畫

六畫

七畫

八畫

十五畫	十四畫	十三畫	十二畫	十一畫	十畫	武乙188	九畫
妣庚188	文武丁185	小叔182	父庚185	五牢184	三告181		十三月176
妾甲189	示癸187	兄庚187	且辛186		三牢181		二告179
	妣辛188	戎我187	母辛187		小告181		二牢179
		妣辛188	妣戊188		小辛182		十牢179
			妣甲188		小牢182		大吉181
					五百184		小臣181
					且丙186		示壬186
					且甲186		四月186
					羊牛187		外壬186
					妣己187		母壬186
					武丁188		羌十187

十六畫

十七畫

十八畫

後記

本書是我主持的國家社科基金課題《旅順博物館所藏甲骨語言文字研究》的階段性成果之一。2014年10月，由宋鎮豪、郭富純主編的《旅順博物館所藏甲骨（上、中、下）》（以下簡稱《旅藏》）一書由上海古籍出版社出版。全書由甲骨圖版、釋文、檢索表三部分組成。有字甲骨2211片，《甲骨文合集》著錄的僅587片（拓片533、摹本54），絕大部分失收，未公佈發表過。

要對《旅藏》著錄材料進行語言文字研究，其中一個重要的前提就是要弄清《旅藏》的文字情況，整理出《旅藏》的不重複單字、合文和未識字，這是進行深入研究的前提和基礎，因此編寫一部《旅順博物館所藏甲骨文字編》十分必要。古文字工具書的編纂異常艱辛，本書是在學習《甲骨文編》《新甲骨文編》及其增訂本的編寫體例、編寫方法的基礎上，結合旅順博物館藏甲骨碎小、多殘泐的實際，編寫的一部有助於深入研究旅順博物館藏甲骨的工具書。經整理統計，《旅順博物館所藏甲骨文字編》正編的字頭數約爲620，見於《說文》的字數約爲535；《新甲骨文編》（增訂本）正編的字頭數約爲2475，見於《說文》的字數約爲1411。通過比對這些數字，我們發現在文字方面，可以用旅藏甲骨管窺殷商甲骨文字的面貌。

旅藏文字編編纂時，考慮到旅藏甲骨多殘泐的特點，即有的破碎，有的蟲蝕或粉化，有的文字磨泐消失。爲便醒目，同時與完整字形相區別，將旅藏殘泐的字形用框線標出，以備使用。這麼做一方面既可以增加旅藏甲骨的綴合，另一方面也可以提高旅藏甲骨的曝光率和使用頻次，進而拼合出更多的、內容相對完整的骨版，從而呈現出內容更豐富、鮮活的甲骨卜辭。

在《旅順博物館所藏甲骨文字編》編纂的過程中，我既切身的感受到了工具書編寫的辛勞與不易，也感受到了學習古文字的快樂與欣喜，這些都爲我完成國家社科基金課題留下了美好的回憶。

正如劉釗先生在《新甲骨文編》後記中所說『任何字編都只能代表某個時段的水準，需要不斷地更新、增補和提高』，所以非常希望關注旅順博物館藏甲骨的學者能關注《旅順博物館所藏甲骨文字編》，同時也希望關注到《旅順博物館所藏甲骨文字編》的學者能更多的應用旅順博物館藏甲骨。這本《旅順博物館所藏甲骨文字編》只是一個節點，並不是終點，相信隨着學者對旅順博物館藏甲骨材料的應用和研究成果的刊佈，今後對《旅順博物館所藏甲骨文字編》的增訂工作也會持續下去，希望學術界專家時賢不吝賜教。

在書稿整理即將付梓出版之際，感謝喻遂生師的關心和指導！感謝雷縉碚、鄧飛、李發等諸位師兄的支持和幫助！感謝旅順博物館翟躍群先生提供資料！感謝中國社會科學出版社郭鵬先生爲本書高質量的編輯和出版費心費力，感謝排版人員和封面設計人員爲本書付出的辛勞！感謝國家民委中青年人才計劃和大連民族大學提供的資金資助！最後，衷心的感謝我的父母長期以來對我的全力支持、不斷鼓勵和默默付出！再次一併表示感謝！

鑒於本人學養不足，書中的錯漏之處一定不少，祈請學界批評指正。

郭仕超

二〇二二年十二月二十四日於大連